[일러두기]

- 영어의 한글발음 표기에 대해서

이 교재에는 각각의 문장과 단어에 한글토를 달았습니다. 이 한글 발음은 편의상 본래 영어 발음에 가장 가깝다고 생각되는 발음으로 표기한 것이니 실제 학습을 할 때는 제시된 영어 문장과 음성 녹음을 참고하여 정확한 발음으로 공부하시기 바랍니다.

통기초 영어 생활회화

이지랭기지 스터디 엮음
Easy Language Study

정진출판사

머리말

글로벌 시대에 많은 사람들이 영어를 중요하게 생각하고 공부를 하고 있습니다.

어느 정도 읽고 쓰는 것은 가능하지만 의외로 외국인과의 대화는 두려워하고 서툰 부분이 많은 것이 사실입니다. 학습자 여러분도 영어로 말하고 싶어도 상황에 따라 어떤 표현을 사용할지 몰라서 그만 포기하는 경우도 있었을 것입니다. 이 책은 이런 문제점을 인지하고 일상회화에 좀더 쉽게 접근하기 위해서 일상생활에서 다양한 상황을 설정하여 최대한 영어 회화에 포인트를 둔 휴대용 회화사전입니다.

이 책의 특징은 다음과 같습니다.

- 포켓북 사이즈로 만들어 항상 가볍게 휴대하며 학습할 수 있습니다. 또한 원어민이 녹음한 본문 전체의 mp3 파일을 내려받아 자유롭게 학습에 활용할 수 있습니다.

- 전체적으로 기본적인 회화에서 감정을 나타내는 표현, 그리고 상황에 따른 적절한 표현들로 내용을 구성하여 쉽게 원하는 표현을 찾으며 학습할 수 있습니다.

- 각각의 유니트는 챕터와 관련단어로 구성하였습니다. 챕터의 주요표현은 이해하기 쉬운 간단한 대화 형식으로 구성하고 간략하게 설명을 달아 학습 효과를 높일 수 있도록 하였으며 각 유니트의 뒤에는 단어의 응용과 어휘력 향상을 위해 본문의 주요단어와 핵심 관련단어를 따로 실었습니다.

- 영어 발음에 한글토를 표기하여 영어를 잘 모르거나 영어를 배운 지 오래된 학습자도 쉽게 영어 표현을 읽고 연습하여 영어 회화가 가능하도록 하였습니다.

Contents

Part1 일상의 표현

Unit 1 인사와 소개

Chapter 1	인사하기	14
Chapter 2	처음 만났을 때	16
Chapter 3	오랜만에 만났을 때	18
Chapter 4	안부를 묻거나 전할 때	20
Chapter 5	헤어질 때	22
Chapter 6	소개하기	24
Chapter 7	출신지 · 거주지 묻기	26
Chapter 8	직업 묻기	28
Chapter 9	가족 소개	30

Unit 2 시간과 날씨

Chapter 1	시간 묻기	36
Chapter 2	날짜와 요일 묻기	38
Chapter 3	약속을 정할 때	40
Chapter 4	약속 변경 및 취소	42
Chapter 5	초대할 때	44
Chapter 6	초대에 답할 때	46
Chapter 7	날씨 표현	48

Unit 3 취미와 여가활동

Chapter 1	취미를 물을 때	56
Chapter 2	여가 시간을 물을 때	58
Chapter 3	스포츠	60
Chapter 4	영화보기	62

Unit 4 감정과 의견

Chapter 1	감사의 표현과 답변	68
Chapter 2	사과의 표현과 답변	70
Chapter 3	기쁠 때	72
Chapter 4	위로할 때	74
Chapter 5	화났을 때	76
Chapter 6	칭찬할 때	78
Chapter 7	축하할 때	80
Chapter 8	놀랐을 때	82
Chapter 9	의견을 물을 때	84
Chapter 10	동의할 때	86
Chapter 11	동의하지 않을 때	88
Chapter 12	사람을 묘사할 때	90
Chapter 13	성격을 묘사할 때	92

Chapter 14	제안, 권유할 때	94
Chapter 15	부탁할 때	96
Chapter 16	허락, 허가의 표현	98

Part2 상황 표현

Unit 1 전화

Chapter 1	전화 걸 때	106
Chapter 2	전화 받을 때	108
Chapter 3	전화 연결할 때	110
Chapter 4	부재 중, 통화 중일 때	112
Chapter 5	메시지를 남길 때	114
Chapter 6	기타 전화 표현	116

Unit 2 항공 여행

Chapter 1	항공권 구매와 변경	120
Chapter 2	공항에서	122
Chapter 3	기내에서	124
Chapter 4	입국 신고하기	127
Chapter 5	세관 검사와 수하물 찾기	129

| Chapter 6 | 환전하기 | 131 |
| Chapter 7 | 위급 상황일 때 | 134 |

Unit 3 호텔

Chapter 1	예약할 때	140
Chapter 2	호텔 서비스를 이용할 때	142
Chapter 3	체크아웃할 때	144
Chapter 4	기타 표현	146

Unit 4 대중교통과 렌터카 이용하기

Chapter 1	길 묻기	152
Chapter 2	전철을 이용할 때	154
Chapter 3	시내버스를 이용할 때	156
Chapter 4	기차를 이용할 때	158
Chapter 5	택시를 이용할 때	160
Chapter 6	렌터카를 이용할 때	162
Chapter 7	차를 운전할 때	164
Chapter 8	주차장과 주유소에서	167
Chapter 9	고장 · 교통위반	170

Unit 5   식당에서

Chapter 1	예약할 때	178
Chapter 2	식당 입구에서	180
Chapter 3	주문할 때	182
Chapter 4	식사하면서	184
Chapter 5	문제가 있을 때	186
Chapter 6	계산할 때	188
Chapter 7	기타 표현	190
Chapter 8	술집에서	192
Chapter 9	카페에서	194

Unit 6   일상생활에서

Chapter 1	우체국에서	200
Chapter 2	약국이나 병원에서	202
Chapter 3	미용실에서	204
Chapter 4	은행에서	206
Chapter 5	부동산 중개 사무소에서	208

Unit 7   쇼핑하기

Chapter 1	쇼핑할 때	216

Chapter 2	마음에 안 들 때	218
Chapter 3	계산할 때	220
Chapter 4	교환이나 환불할 때	222

Unit 8 직장에서

Chapter 1	출퇴근에 대해서	230
Chapter 2	근무에 대해서	232
Chapter 3	급여와 복리후생	234

부록

1. 그림으로 익히는 단어

(1) 학용품　　(2) 컴퓨터　　(3) 카메라
(4) 자동차　　(5) 객실　　(6) 욕실
(7) 사람의 몸　(8) 채소와 과일　(9) 12지의 동물들

2. 영어 명언

The future depends on what we do in the persent.
  - Mahatma Gandhi

미래는 현재 우리가 무엇을 하고 있는가에 달려 있다.
  -마하트마 간디

Part 1

일상의 표현

- **Unit 1** 인사와 소개
- **Unit 2** 시간과 날씨
- **Unit 3** 취미와 여가활동
- **Unit 4** 감정과 의견

Liberty without learning is always in peril and learning without liberty is always in vain.
   - John F. Kennedy

배움이 없는 자유는 언제나 위험하며 자유가 없는 배움은 언제나 헛된 일이다.

-존 F. 케네디

Unit 1

인사와 소개

- **Chapter 1** 인사하기
- **Chapter 2** 처음 만났을 때
- **Chapter 3** 오랜만에 만났을 때
- **Chapter 4** 안부를 묻거나 전할 때
- **Chapter 5** 헤어질 때
- **Chapter 6** 소개하기
- **Chapter 7** 출신지 · 거주지 묻기
- **Chapter 8** 직업 묻기
- **Chapter 9** 가족 소개

English

Chapter 1 인사하기

주요표현

A : *How are you?*
하우 아 유
어떻게 지내세요?

B : *I'm fine, Thank you. And you?*
아임 파인   쌩큐   앤 쥬
잘 지내요. 감사합니다. 당신은요?

"I'm fine"은 "hi" 만큼 가장 기본적인 인사말이자 답변입니다. "How are you?"라는 질문에 자신도 모르게 툭 튀어나오는 표현이기도 하지요. 짧게 "fine." 해도 가능합니다. 하지만 뒤에 감사의 표현 "Thank you."는 잊지 마세요.

안녕하세요.

Hello! / Hi!
헬로   하이

안녕하세요! (아침인사)

Good morning!
굿 모-닝

안녕하세요! (낮인사)

Good afternoon!
굿 애프터눈

안녕하세요! (저녁인사)

Good evening!
굿 이-브닝

❶ Unit. 1 인사와 소개

안녕히 주무세요.
Good night.
굿 나이트

어떻게 지내세요?
How's it going? / How are you doing?
하우즈 잇 고잉　　　　하우 아 유 두잉

지난 주말에 뭐 했니?
What did you do last weekend?
왓 디 쥬 두 라스트 위-캔드

잘 잤니?
Did you sleep well?
디 쥬 슬립 웰

잘 지내! / 아주 좋아요!
Great! / Very well!
그레이트　　베리 웰

잘 지내.
Pretty good.
프리티 굿

그저 그래요.
Not too bad.
낫 투- 배드

15

Chapter 2 처음 만났을 때

주요표현

> **A : It's nice to meet you.**
> 잇츠 나이스 투 미-츄
> 만나서 반갑습니다.
>
> **B : Nice to meet you, too.**
> 나이스 투 미-츄 투-
> 저 역시 만나서 반갑습니다.

사람을 만났을 때의 첫인상은 매우 중요합니다. 우리나라 사람들과 달리 영어권 사람들은 처음 만났을 때 보통 악수를 하면서 반갑다는 말을 전합니다. 목 인사와 악수를 동시에 하면서 말하지 마세요. 그들은 'eye contact'을 중요하게 생각한답니다.

제 이름은 민수입니다.
My name is Minsu.
마이 네임 이즈 민수

당신의 이름은 무엇입니까?
What is your name?
왓 이즈 유어 네임

처음 뵙겠습니다.
How do you do?
하우 두 유 두

여어! 안녕!
Howdy?
하우디

Unit. 1 인사와 소개

만나서 기쁩니다.
Happy to meet you.
해피 투 미-츄

만나서 기쁩니다.
I'm glad to meet you.
아임 글래드 투 미-츄

만나서 기쁩니다.
I'm pleased to meet you.
아임 플리-즈드 투 미-츄

알게 되어서 기쁩니다.
I'm glad to know you.
아임 글래드 투 노우 유

만나게 되어 영광입니다.
I'm honored to meet you.
아임 아널드 투 미-츄

제가 오히려 반갑습니다.
It's my pleasure.
잇츠 마이 플래주어

제가 오히려 반갑습니다.
The pleasure is mine.
더 플래주어 이즈 마인

Chapter 3 오랜만에 만났을 때

주요 표현

A: **Long time no see!**
로옹 타임 노 씨-
오랜만이에요!

B: **I haven't seen you for ages.**
아이 해븐 씨인 유 포 에이지스
오랫동안 보지 못했군요.

"Long time no see."는 어법상 맞는 표현은 아니지만 미국인들이 자주 사용하는 표현입니다. 오랜만에 지인을 만나면 기쁜 마음에 인사하면서 억양이 높아지지요? 영어도 마찬가지로 억양을 조금 높여 표현한다면 상대방에게 더 큰 감동을 주지 않을까 생각합니다.

정말 오랫동안 보지 못했네요.

I haven't seen you in so long.
아이 해븐 씨인 유 인 쏘우 로옹

정말 오랜만입니다.

It's been a long time.
잇츠 빈 어 로옹 타임

오래만이군요.

I haven't seen you for a long time.
아이 해븐 씨인 유 포 어 로옹 타임

전혀 변하지 않았군요!

You haven't changed at all!
유 해븐 체인지드 앳 올

Unit. 1 인사와 소개

그 동안 어디 있었니?
Where have you been?
웨얼 해브 유 빈

지난 번에 본 이후로 정말 오랜만입니다.
It's been an age since I saw you last.
잇츠 빈 언 에이지 씬스 아이 쏘- 유 라스트

다시 만나게 되어서 정말 기쁩니다.
I'm so happy to see you again.
아임 쏘우 해피 투 씨- 유 어게인

그 동안 어떻게 지내셨나요?
How have you been?
하우 해브 유 빈

보고 싶었어요.
I've missed you.
아이브 미스드 유

세월 참 빠르다.
Time flies.
타임 플라이즈

별고 없으십니까?
What's new?
왓츠 뉴-

Chapter 4 안부를 묻거나 전할 때

주요표현

A : Say hello to your parents.
쎄이 헬로 투 유어 페어런츠
당신 부모님께 안부 전해 주세요.

B : OK. Bye.
오우케이 바이
알았어요. 안녕히 가세요.

상대방의 가족이나 지인을 알고 있을 때, 그들에게도 인사를 전하고 싶을 때가 있습니다. 그런 상황에서 쓸 수 있는 표현 중 하나로 헤어지면서 '…에게 안부 전해 주세요'라는 표현을 많이 씁니다. 영어로는 'say hello to…' 또는 'give my regards to…'라고 합니다.

가족들은 잘 계신가요?
How is your family?
하우 이즈 유어 패밀리

부모님은 평안하시지요?
How are your parents?
하우 아 유어 페어런츠

모두들 잘 지내죠?
How is everyone getting along?
하우 이즈 에브리원 게팅 어로옹

너의 동생은 잘 있니?
How is your brother?
하우 이즈 유어 브라더

Unit. 1 인사와 소개

로레나에 대한 소식 들었니?
Have you heard about Lorena?
해브 유 헐드 어바웃 로레나

미스터 김은 어떻게 됐니?
What happened to Mr. Kim?
왓 해픈드 투 미스터 킴

가족에게 안부 전해 주세요.
Give my regards to your family.
깁 마이 리가즈 투 유어 패밀리

케빈에게 안부 전해 주세요.
Say hello to Kevin.
쎄이 헬로우 투 케빈

다음에 그녀를 보면 내가 안부를 전한다고 말해 주세요.
Next time you see her, tell her I said hello.
넥스트 타임 유 씨- 허 텔 허 아이 쎄드 헬로

나 대신 제인에게 안부 전해 주세요.
Say hi to Jane for me.
쎄이 하이 투 제인 포 미

그녀에게 안부 전해 주세요.
Give my love to her.
깁 마이 러브 투 허

Chapter 5 헤어질 때

주요 표현

A : *Goodbye. See you tomorrow.*
굿 바이   씨- 유 투머-로우
안녕히 가세요. 내일 봅시다.

B : *See you later.*
씨- 유 레이터
다음에 만나요.

헤어질 때 나누는 인사말로는 가장 기본적인 "Goodbye."가 있습니다. 간단하게 "Bye."라고 할 수도 있고 "See you."라고 해도 됩니다. 하지만 이 한마디로는 조금 아쉽지요? '좋은 하루 보내세요.' 혹은 '연락하고 지내요.' 등의 표현을 같이 사용해 좀더 친숙한 인사말을 써 봅시다.

다음에 봐요.
See you.
씨- 유

잘 가세요.
Take it easy.
테이크 잇 이-지

안녕. 좋은 하루 보내세요.
Goodbye. Have a nice day.
굿바이   해브 어 나이스 데이

조심히 가세요.
Take care of yourself.
테이크 케어 오브 유어셀프

Unit. 1 인사와 소개

즐거운 시간 되세요.
Have a nice time.
해브 어 나이스 타임

즐거운 주말 보내세요.
Have a nice weekend.
해브 어 나이스 위-켄드

고마워요. 당신도요!
Thanks. You too!
쌩스   유 투-

미안하지만 지금 가야 합니다.
I'm sorry but I've got to go now.
아임 쏘리 벗 아브 갓 투 고우 나우

연락하고 지냅시다.
Let's keep in touch.
렛츠 킵 인 터치

연락하겠습니다.
I'll keep in touch.
아일 킵 인 터치

다음에 만나요.
See you again.
씨- 유 어게인

23

Chapter 6 소개하기

> **A : *I'd like you to meet Mr. Kim.***
> 아이드 라이크 유 투 미-트 미스터 킴
> 미스터 김을 소개하겠습니다.
>
> **B : *Glad to meet you, Mr. Kim.***
> 글래드 투 미-츄 미스터 킴
> 만나서 반갑습니다, 미스터 김.

다른 사람에게 나의 지인을 소개하고 싶을 때 사용하는 표현입니다. "I'd like you to meet…", 또는 "This is…"를 사용하는 경우도 있습니다. 일반적인 친구 소개가 아닌 비즈니스 관계에서 소개받을 경우에는 '처음 뵙겠습니다.' 라는 "How do you do?" 도 유용한 문장입니다.

제 소개를 할까요?
May I introduce myself?
메이 아이 인트로듀-스 마이셀프

제 소개를 하겠습니다.
Let me introduce myself.
렛 미 인트로듀-스 마이셀프

이분은 다나 부인이십니다.
This is Mrs. Dana.
디스 이즈 미세스 데이나

에드워드를 아세요?
Do you know Edward?
두 유 노우 에드워드

Unit. 1 인사와 소개

처음 뵙겠습니다. 제 이름은 폴입니다.
How do you do? My name is Paul.
하우 두 유 두   마이 네임 이즈 폴

두 분이 서로 인사 나누셨습니까?
Have you met each other?
해브 유 멧 이치 아덜

이쪽은 테드에요. 테드, 줄리아를 소개할게요.
Here's Ted. Ted, meet Julia.
히어즈 테드   테드   미-트 줄리아

당신에게 이반을 소개하겠습니다.
Let me introduce Ivan to you.
렛 미 인트로듀-스 아이번 투 유

이쪽은 내 친구 토마스야.
This is my friend, Thomas.
디스 이즈 마이 프랜드   토마스

이쪽은 제 동료입니다.
This is a colleague of mine.
디스 이즈 어 칼리그 오브 마인

그는 제 친구의 친구입니다.
He's a friend of my friend.
히즈 어 프랜드 오브 마이 프랜드

Chapter 7 출신지 · 거주지 묻기

주요표현

A : **Where are you from?**
웨얼 아 유 프럼
어느 나라 사람입니까?

B : **I'm from Korea.**
아임 프럼 코리아
한국 사람입니다.

"Where are you from?"은 국적이나 출신지를 물어볼 때 사용하는 표현입니다. 상황에 따라 국적이나 고향을 묻는 표현이 될 수 있으니 꼭 국적을 묻는 질문이라고만 생각하지 마세요. 그리고 국적이나 지역을 예상하고 있다면 'Are you from…?' 으로 물어 보셔도 좋습니다.

어디서 오셨습니까?
Where do you come from?
웨얼 두 유 컴 프럼

고향이 어디입니까?
Where is your hometown?
웨얼 이즈 유어 홈타운

어느 나라 분이십니까?
What's your nationality?
왓츠 유어 내셔낼러티

미국에서 오셨습니까?
Are you from America?
아 유 프럼 아메리카

① Unit. 1 인사와 소개

한국 사람입니까?
Are you Korean?
아 유 코리안

저는 서울 출신입니다.
I come from Seoul.
아이 컴 프럼 서울

제 고향은 엘에이입니다.
My hometown is LA.
마이 홈타운 이즈 엘에이

제 국적은 한국입니다.
My nationality is Korea.
마이 내셔낼러티 이즈 코리아

저는 한국인입니다.
I'm Korean.
아임 코리안

어디 사세요?
Where do you live?
웨얼 두 유 리브

저는 그린스보로에 삽니다.
I live in Greensboro.
아 리브 인 그린스보로

27

Chapter 8   직업 묻기

> **주요 표현**
>
> **A : *What do you do?***
> 왓 두 유 두
> 직업이 무엇입니까?
>
> **B : *I'm an editor.***
> 아임 언 에디터
> 편집자입니다.

"What's your job?"과 같이 직접적인 표현을 해도 되지만 좀더 공손하게 표현을 하면 부드러운 대화가 되지 않을까 싶습니다. 자신의 직업이나 하는 일에 대해 말할 때에는 "I'm…"을 사용하거나 "My job is…", "I work at…"을 사용해도 괜찮습니다.

직업이 뭡니까?
What is your job?
왓 이즈 유어 잡

직업이 무엇입니까?
What do you do for a living?
왓 두 유 두 포 어 리빙

무슨 일을 하세요?
What kind of job do you have?
왓 카인드 오브 잡 두 유 해브

어떤 종류의 사업에 종사하고 계십니까?
What kind of business are you in?
왓 카인드 오브 비즈니스 아 유 인

Unit. 1 인사와 소개

무슨 일을 하십니까?
What kind of work do you do?
왓 카인드 오브 워-크 두 유 두

직업이 무엇입니까?
What is your occupation?
왓 이즈 유어 아큐페이션

제 직업은 교사입니다.
My job is a teacher.
마이 잡 이즈 어 티-쳐

저는 예술가입니다.
I'm an artist.
아임 언 알티스트

저는 무역회사에서 일합니다.
I work for a trading company.
아이 워-크 포 어 트레이딩 컴퍼니

나는 현재 쉬고 있습니다.
I'm unemployed at the moment.
아임 언임프로이드 앳 더 모먼트

저는 구직자입니다.
I'm a job hunter.
아임 어 잡 헌터

Chapter 9   가족 소개

> **주요표현**
>
> **A : *How many are there in your family?***
> 하우 매니 아 데어 인 유어 패밀리
> 가족은 모두 몇 명입니까?
>
> **B : *There are six.***
> 데어 아 식스
> 6명입니다.

가족이 어떻게 되십니까?
How large of a family do you have?
하우 라지 오브 어 패밀리 두 유 해브

가족이 몇 분이세요?
How large is your family?
하우 라지 이즈 유어 패밀리

형제 자매가 있습니까?
Do you have any brothers and sisters?
두 유 해브 에니 브라더스 앤 시스터스

남자 형제 한 명과 여자 형제 한 명이 있어요.
I have one brother and one sister.
아이 해브 원 브라더 앤 원 시스터

우리 집은 세자매입니다.
There are three girls in our family.
데어 아 쓰리- 걸즈 인 아워 패밀리

Unit. 1 인사와 소개

모두 다섯입니다.
There are five of us altogether.
데어 아 파이브 오브 어스 올투게더

저는 혼자입니다.
I'm an only child.
아임 언 온리 차일드

몇 째입니까?
Which child are you?
위치 차일드 아 유

막내입니까?
Are you youngest?
아 유 영기스트

첫째입니까?
Are you eldest?
아 유 엘디스트

셋 중 막내입니다.
I'm the youngest of three children.
아임 더 영기스트 오브 쓰리- 칠드런

셋 중 둘째입니다.
I'm the second of three children.
아임 더 세컨드 오브 쓰리- 칠드런

31

관련단어

직업

businessman	비즈니스맨	사업가
storekeeper	스토어키-퍼	상점 주인
company employee	컴퍼니 임플로이-	회사원
teller	텔러	은행원
engineer	엔지니어	기술자
architect	아커텍트	건축가
pharmacist	파머시스트	약사
nurse	널스	간호사
doctor	닥터	의사
professor	프로페서	교수
editor	에디터	편집자
painter	페인터	화가
scientist	사이언티스트	과학자
lawyer	로이어	변호사
firefighter	파이어파이터	소방관
police officer	폴리-스 오피서	경찰관

Unit. 1 인사와 소개

국가와 국민

Canada	캐나다	캐나다
Canadian	캐네이디언	캐나다인
France	프랜스	프랑스
French	프랜치	프랑스인
USA	유에스에이	미국
American	어메리칸	미국인
England	잉글랜드	영국(UK)
British	브리티쉬	영국인
China	차이나	중국
Chinese	차이니스	중국인
Japan	재팬	일본
Japanese	재패니스	일본인
Australia	오스트레일리아	호주
Australian	오스트레일리안	호주인
New Zealand	뉴질-랜드	뉴질랜드
Kiwi	키-위	뉴질랜드인
Spain	스페인	스페인
Spainish	스페니쉬	스페인인

33

Philippines	필리핀스	필리핀
Filipino	필리피노	필리핀인
Singapore	싱가폴	싱가폴
Singaporean	싱가포리안	싱가폴인

가족

grandfather	그랜 파-더	할아버지
grandmother	그랜 마더	할머니
father	파-더	아버지
mother	마더	어머니
brother	브라더	남자 형제
sister	시스터	여자 형제
uncle	엉클	삼촌
aunt	안-트	이모
cousin	커즌	사촌
daughter	도-터	딸
son	썬	아들
nephew	네퓨-	(남자) 조카
niece	니-스	(여자) 조카

Unit 2

시간과 날씨

Chapter 1	시간 묻기
Chapter 2	날짜와 요일 묻기
Chapter 3	약속을 정할 때
Chapter 4	약속 변경 및 취소
Chapter 5	초대할 때
Chapter 6	초대에 답할 때
Chapter 7	날씨 표현

English

Chapter 1   시간 묻기

주요표현

A : *What time is it?*
왓 타임 이즈 잇
몇 시입니까?

B : *It's half past one.*
잇츠 하-프 파스트 원
1시 30분입니다.

시간을 말할 때 쓰는 표현입니다. 여기서 "it"은 비인칭 주어로 시간, 거리, 날씨, 명암, 날짜 등을 나타낼 때 사용하며 해석을 하지 않습니다. 같은 표현으로 "Do you have the time?"이 있습니다. 정관사 "the"를 빼고 표현하면 '시간 있어요?' 라는 전혀 다른 의미가 되니 주의하세요.

몇 시예요?

Do you have the time?
두 유 해브 더 타임

몇 시인지 말해 주시겠습니까?

Can you tell me the time?
캔 유 텔 미 더 타임

몇 시입니까?

What time do you have?
왓 타임 두 유 해브

3시입니다.

It's three o'clock.
잇츠 쓰리- 어클락

36

❶ Unit. 2 시간과 날씨

5시 15분입니다.
It's five fifteen.
잇츠 파이브 피프틴

5시 15분입니다.
It's a quarter past five.
잇츠 어 쿼-터 파스트 파이브

2시 10분 전입니다.
It's ten to two.
잇츠 텐 투 투-

1시 50분입니다.
It's one fifty.
잇츠 원 피프티

내 시계는 2분 빠릅니다.
My watch is two minutes fast.
마이 워치 이즈 투- 미니츠 패스트

내 시계는 1분 느립니다.
My watch is one minute slow.
마이 워치 이즈 원 미니트 슬로우

미안하지만 저도 잘 모릅니다.
I'm sorry but I don't know.
아임 쏘리 벗 아이 돈 노우

Chapter 2 날짜와 요일 묻기

> **A : What date is it today?**
> 왓 데이트 이즈 잇 투데이
> 오늘이 며칠입니까?
>
> **B : It's May 1st.**
> 잇츠 메이 펄스트
> 5월 1일입니다.

날짜를 표현할 때는 서수를 사용합니다. 예를 들어 '6월 3일'이면 "Jun 3rd(third)"라고 표현하고 '3월 10일'이면 "March 10th(tenth)"라고 써야 합니다. 그리고 우리나라와 달리 년 표시는 뒤에 합니다. '2010년 5월 2일' 이면 "May 2nd(second) 2010"라고 씁니다.

오늘이 며칠입니까?
What's today's date?
왓츠 투데이즈 데이트

6월 21일입니다.
It's June 21st.
잇츠 준 투에니펄스트

오늘은 무슨 요일입니까?
What day is today?
왓 데이 이즈 투데이

일요일입니다.
It's Sunday.
잇츠 썬데이

Unit. 2 시간과 날씨

몇 월입니까?
What month is it?
왓 먼쓰 이즈 잇

7월입니다.
It's July.
잇츠 줄라이

내일은 무슨 요일입니까?
What day is it tomorrow?
왓 데이 이즈 잇 투머-로우

내일은 월요일입니다.
Tomorrow is Monday.
투머-로우 이즈 먼데이

어제는 며칠이었습니까?
What date was it yesterday?
왓 데이트 워즈 잇 예스터데이

그제는 며칠이었지?
What date was it the day before yesterday?
왓 데이트 워즈 잇 더 데이 비포- 예스터데이

5월 2일이었습니다.
It was May 2nd.
잇 워즈 메이 세컨드

Chapter 3 약속을 정할 때

주요표현

A: *Are you free this weekend?*
아 유 프리- 디스 위-캔드
이번 주말에 시간 있으세요?

B: *Yes, I'm.*
예스 아임
네, 있습니다.

약속의 표현은 일상생활에서 사용 빈도가 높은 실용적인 사항입니다. 기본적인 문장을 익혀두면 많은 도움이 될 것입니다. 시간 표현에서 언급했지만 '시간 있으세요?' 라는 표현은 "Do you have time?"입니다. "time" 앞에 정관사 "the"를 붙여 "Do you have the time?"이라고 하면 어떤 의미인지 기억하시죠?

내일 약속 있으세요?

Do you have any appointments tomorrow?
두 유 해브 애니 어포인트먼츠 투머-로우

몇 시가 가장 당신에게 편하십니까?

What time would be best for you?
왓 타임 우드 비 베스트 포 유

몇 시쯤에 시간이 납니까?

What time will you be available?
왓 타임 윌 유 비 어베일러블

언제 시간이 있으시죠?

When do you have time?
웬 두 유 해브 타임

40

Unit. 2 시간과 날씨

언제 만날까요?
When should we meet?
웬 슈드 위 미-트

어디에서 만날까요?
Where shall we meet?
웨얼 쉘 위 미-트

타워에서 만나는 게 어떨까요?
How about the tower?
하우 어바웃 더 타워

3시 괜찮습니까?
Is three o'clock OK?
이즈 쓰리- 어클락 오우케이

이번 주에는 약속이 꽉 찼습니다.
I'm booked up for the week.
아임 북드 업 포 더 위크

저는 아무 때나 괜찮습니다. / 괜찮습니다.
I'm flexible.　　　／ That would be fine.
아임 플렉시블　　　　댓 우드 비 파인

그곳에 가겠습니다.
I will be there.
아이 윌 비 데어

Chapter 4 약속 변경 및 취소

> **주요 표현**
>
> **A : *Can I take a rain check?***
> 캔 아이 테이크 어 레인 체크
> 다음 기회로 미뤄도 될까요?
>
> **B : *Something wrong?***
> 썸씽 로옹
> 무슨 문제가 있나요?

어떤 사정으로 약속을 지키지 못할 때는 상대방에게 양해를 얻는 것이 예의겠지요. "rain check"이란 스포츠 경기에서 우천으로 경기를 취소할 경우 관객에게 주는 다음 경기 입장권을 말합니다.

다음 기회로 미룰 수 있을까요?
Can you give me a rain check?
캔 유 김미 어 레인 체크

다음 기회에 약속하면 어떨까요?
Why don't we make it another time?
와이 돈 위 메이크 잇 어나더 타임

다음으로 미룹시다.
Let's make it some other time.
렛츠 메이크 잇 썸 아더 타임

장소를 바꿀 수 있을까요?
Can we change the place?
캔 위 체인지 더 플레이스

Unit. 2 시간과 날씨

약속을 연기해야겠습니다.
I have to postpone my appointment.
아이 해브 투 포스폰 마이 어포인먼트

당신을 실망시켜 미안하지만 오늘 밤에 나갈 수가 없습니다.
I'm sorry to let you down, but I can't go out tonight.
아임 쏘리 투 렛 유 다운 벗 아이 캔트 고우 아웃 투나잇

약속을 취소해도 될까요?
Can I call off the appointment?
캔 아이 코올 오프 디 어포인먼트

약속을 지키지 못한 걸 용서해 주세요.
Please forgive me for breaking the promise.
플리-즈 포기브 미 포 브레이킹 더 프라미스

그러세요.
Sure, no problem.
슈어 노우 프라블럼

괜찮습니다. 이해합니다.
That's OK. I understand.
댓츠 오우케이 아이 언더스탠드

예상치 못한 일이 생겼습니다.
Something unexpected came up.
썸씽 언익스펙티드 케임 업

43

Chapter 5 초대할 때

> **A : Would you like to see a movie tonight?**
> 우쥬- 라이크 투 씨- 어 무-비 투나잇
> 오늘밤에 영화 보러 갈래요?
>
> **B : Sure, I'd love to.**
> 슈어 아이드 러브 투
> 물론이죠, 좋아요.

정중한 표현에는 "would you like to…?"를 많이 쓰지만 친한 사이에는 "how about…?" 또는 "why don't you…?"를 사용할 수 있습니다. 윗 문장은 "How about seeing a movie tonight?"으로 쓸 수 있습니다. "how about" 뒤에는 "…ing" 형태가 오는 것을 잊지 마세요.

파티에 오시지 그러세요?
Why don't you come to the party?
와이 돈 츄 컴 투 더 파-티

저녁 먹으러 올래요?
How about coming over for dinner?
하우 어바웃 커밍 오버 포 디너

저녁식사하러 오시겠습니까?
Would you like to come over for dinner?
우쥬- 라이크 투 컴 오버 포 디너

당신을 저녁식사에 초대하고 싶습니다.
I'd like to invite you to dinner.
아이드 라이크 투 인바이트 유 투 디너

Unit. 2 시간과 날씨

우리와 함께 가실래요?
Would you like to come with us?
우쥬- 라이크 투 컴 위드 어스

다음 일요일 파티에 올 수 있습니까?
Can you join the party next Sunday?
캔 유 조인 더 파-티 넥스트 썬데이

언제 한번 들러 주세요?
Why don't you drop in sometime?
와이 돈 츄 드롭 인 썸타임

이번 주 금요일 파티에 당신을 초대하고 싶습니다.
I would like to invite you to a party this Friday?
아이 우드 라이크 투 인바이트 유 투 어 파-티 디스 프라이데이

오늘 저녁에 약속이 있습니까?
Do you have plans for tonignt?
두 유 해브 플랜즈 포 투나잇

오늘 저녁에 같이 식사하시겠어요?
Why don't we go out for dinner tonight?
와이 돈 위 고우 아웃 포 디너 투나잇

저녁식사를 대접하고 싶습니다.
I'll treat you to dinner.
아일 트리트 유 투 디너

Chapter 6 초대에 답할 때

주요표현

A : *How would you like to see a movie tonight?*
하우 우쥬- 라이크 투 씨- 어 무-비 투나잇
오늘 밤에 영화보러 가는 것이 어때요?

B : *Thank you, I'd like to very much.*
쌩큐 아이드 라이크 투 베리 머취
감사해요, 정말 가고 싶어요.

그거 아주 좋은데요.
That sounds great.
댓 사운즈 그레이트

감사합니다, 그러죠.
Thank you, I will.
쌩큐 아이 윌

저는 좋습니다.
That's fine with me.
댓츠 파인 위드 미

기꺼이 그렇게 하겠습니다.
I'd be happy to.
아이드 비 해피 투

고맙습니다, 기쁜 마음으로 가겠습니다.
Thank you, I'd love to come.
쌩큐 아이드 러브 투 컴

❶ Unit. 2 시간과 날씨

미안하지만 그럴 수 없습니다.
I'm sorry but I can't.
아임 쏘리 벗 아이 캔트

유감스럽게도 안 될 것 같습니다.
I'm afraid not.
아임 어프레이드 낫

그럴 수 있다면 좋겠습니다.
I wish I could.
아이 위시 아이 쿠드

고맙지만 지금은 바쁩니다.
Thank you but I'm busy right now.
쌩큐 벗 아임 비지 라잇 나우

정말 그럴 기분이 아닙니다.
I'm not really in the mood.
아임 낫 리얼리 인 더 무드

다음 기회에 하죠.
Perhaps next time.
퍼헵스 넥스트 타임

다음에 하면 어떨까요?
How about some other time?
하우 어바웃 썸 아더 타임

47

Chapter 7   날씨 표현

주요표현

A : *How is the weather today?*
하우 이즈 더 웨더 투데이
오늘 날씨는 어떻습니까?

B : *It's warm.*
잇츠 워엄
따뜻합니다.

날씨를 묻는 가장 쉬운 표현입니다. "how is"를 줄여서 "how's"라고 하기도 하고 "what"으로 시작하는 표현도 있습니다. 대답할 때 사용하는 "it"은 비인칭 주어로 해석을 하지 않아도 무관합니다. 비인칭 주어 "it" 뒤에는 날씨를 나타내는 형용사를 사용하면 됩니다.

내일 날씨가 어떨 것 같습니까?
What is the weather going to be like tomorrow?
왓 이즈 더 웨더 고잉 투 비 라이크 투머-로우

밖에 날씨가 어떻습니까?
What is it like out?
왓 이즈 잇 라이크 아웃

아직도 비가 옵니다.
It is still raining.
잇 이즈 스틸 레이닝

비가 세차게 내립니다!
What a heavy rain!
왓 어 해비 레인

Unit. 2 시간과 날씨

덥습니다.
It is hot.
잇 이즈 핫

점점 더워질 겁니다.
It is supposed to get hotter.
잇 이즈 서포즈드 투 갯 핫터

내일 일기예보가 어떻습니까?
What's the weather forecast for tomorrow?
왓츠 더 웨더 포올캐스트 포 투머-로우

라디오에서는 화창할 것이라고 합니다.
The radio says sunny.
더 래디오 세이스 써니

언제 비가 그칠까요?
When is it going to stop raining?
웬 이즈 잇 고잉 투 스탑 레이닝

흐리고 바람이 붑니다.
It's cloudy and windy.
잇츠 크라우디 앤 윈디

비가 올 것 같습니다.
It looks likc it's going to rain.
잇 룩스 라이크 잇츠 고잉 투 레인

관련단어

시간

second	세컨드	초
minute	미니트	분
hour	아워	시, 시간
quarter	쿼-터	15분
past	파스트	지나서, 지나
to ~	투	~전
clock	클락	(휴대용이 아닌) 시계
watch	와치	손목 시계, 회중 시계

기수

one	원	1
two	투-	2
three	쓰리-	3
four	포-	4
five	파이브	5
six	씩스	6
seven	세븐	7
eight	에잇	8
nine	나인	9

Unit. 2 시간과 날씨

ten	텐	10
eleven	일레븐	11
twelve	트웰브	12
thirteen	써-틴	13
fourteen	포-틴	14
fifteen	피프틴	15
twenty	트웬티	20
thirty	써-티	30
forty	포-티	40
fifty	피프티	50
sixty	씩스티	60
seventy	쎄븐티	70
eighty	에잇티	80
ninety	나인티	90
hundred	헌드레드	100

날짜

January	제뉴어리	1월
February	페브루어리	2월
March	마-치	3월

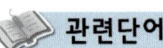 **관련단어**

April	에이프럴	4월
May	메이	5월
June	준	6월
July	줄라이	7월
August	어-거스트	8월
September	셉템버	9월
October	옥토버	10월
November	노벰버	11월
December	디셈버	12월

서수

first	퍼스트	첫 번째
second	세컨드	두 번째
third	써-드	세 번째
fourth	포-스	네 번째
fifth	피프쓰	다섯 번째
sixth	씩스쓰	여섯 번째
seventh	세븐쓰	일곱 번째
eighth	에잇쓰	여덟 번째
ninth	나인쓰	아홉 번째

Unit. 2 시간과 날씨

tenth	텐쓰	열 번째

요일

Monday	먼데이	월요일
Tuesday	튜스데이	화요일
Wednesday	웬즈데이	수요일
Thursday	썰스데이	목요일
Friday	프라이데이	금요일
Saturday	쎄러데이	토요일
Sunday	썬데이	일요일
the day before yesterday 더 데이 비포- 예스터데이		그제
yesterday	예스터데이	어제
today	투데이	오늘
tomorrow	투머-로우	내일
the day after tomorrow 더 데이 애프터 투머-로우		모레

날씨

weatherman	웨더맨	기상예보관
hot	핫	더운

 **관련단어**

sunny	써니	화창한
warm	워엄	따뜻한
cold	콜드	추운
cool	쿠울	시원한
chilly	칠리	쌀쌀한
hot and dry	핫 앤 드라이	덥고 건조한
hot and humid	핫 앤 휴-미드	덥고 습기찬
cloudy	크라우디	구름이 낀
snowy	스노이	눈이 오는
mild	마일드	온화한
foggy	포기	안개 낀
snowstorm	스노우스토옴	눈보라

취미와 여가활동

Unit 3

Chapter 1   취미를 물을 때
Chapter 2   여가 시간을 물을 때
Chapter 3   스포츠
Chapter 4   영화보기

English

Chapter 1   취미를 물을 때

주요표현

A : *What is your hobby?*
왓 이즈 유어 하비
취미가 무엇입니까?

B : *My hobby is swimming.*
마이 하비 이즈 스위밍
내 취미는 수영입니다.

처음 외국인을 만났을 때 가장 부담 없는 주제는 취미가 아닐까 생각합니다. 서로의 취미에 대해서 이야기하면서 자연스럽게 대화를 이어가는 것도 좋은 방법일 것 같습니다. "Do you like to see movies?" 처럼 일반동사 "like"를 사용해서 표현하는 방법도 알고 있으면 좋습니다.

취미가 있습니까?
Do you have any hobbies?
두 유 해브 애니 하비스

가장 좋아하는 스포츠는 무엇입니까?
What is your favorite sport?
왓 이즈 유어 페이버릿 스포츠

어떤 영화를 좋아하세요?
What kind of movies do you like?
왓 카인드 오브 무-비스 두 유 라이크

나는 액션 영화를 좋아합니다.
I love action movies.
아이 러브 액션 무-비스

Unit. 3 취미와 여가활동

그는 내가 가장 좋아하는 배우입니다.
He's my favorite actor.
히즈 마이 페이버릿 액터

낚시를 좋아합니다.
I enjoy fishing.
아이 인조이 피싱

어떤 종류의 음악을 좋아하세요?
What kind of music do you like?
왓 카인드 오브 뮤-직 두 유 라이크

나는 록 음악에 관심이 있어요.
I'm interested in rock music.
아임 인터레스티드 인 락 뮤-직

이 음악은 제 취향이 아닙니다.
This music is not my taste.
디스 뮤-직 이즈 낫 마이 테이스트

재즈에 관심이 있나요?
Are you interested in jazz?
아 유 인터레스티드 인 재즈

재즈 음악을 아주 좋아합니다.
I like jazz a lot.
아이 라이크 재즈 어 랏

57

Chapter 2   여가 시간을 물을 때

주요표현

> **A : What do you do in your free time?**
> 왓 두 유 두 인 유어 프리- 타임
> 한가할 때 무엇을 하세요?
>
> **B : I love to fish.**
> 아이 러브 투 피쉬
> 나는 낚시하는 것을 좋아합니다.

직업 관련 표현에서 언급했던 "What do you do?"란 표현이 있습니다. 거기서는 직업을 묻는 의미로 쓰였지만 여기서는 평상시에 '무엇을 하세요?' 라는 의미입니다. 같은 표현이라도 상황에 따라 의미가 다르다는 것을 꼭 기억해 주세요.

여가 시간에 무엇을 하세요?
What do you do in your spare time?
왓 두 유 두 인 유어 스페어 타임

휴식을 위해 무엇을 하시나요?
What do you do to relax?
왓 두 유 두 투 릴렉스

주말 동안 뭘 하세요?
What do you do during weekend?
왓 두 유 두 듀링 위-캔드

주말에 무엇을 하셨습니까?
What did you do over the weekend?
왓 디 쥬 두 오버 더 위-캔드

Unit. 3 취미와 여가활동

재미로 무엇을 하세요?
What do you do for fun?
왓 두 유 두 포 펀

골프를 칩니다.
I play golf.
아이 플레이 골프

시외로 나가는 것을 좋아합니다.
I like getting away from the city.
아이 라이크 겟팅 어웨이 프럼 더 시티

여행을 좋아합니다.
I enjoy traveling.
아이 인조이 트레블링

책 읽는 것을 좋아합니다.
I love to read.
아이 러브 투 리드

주말에는 늦잠을 잡니다.
I usually sleep in during the weekends.
아이 유즈월리 슬립 인 듀링 더 위-캔즈

나는 영화 보는 것을 정말 좋아합니다.
I'm really into movies.
아임 리얼리 인투 무-비스

Chapter 3 스포츠

> **A : What sport are you good at?**
> 왓 스포츠 아 유 굿 엣
> 무슨 스포츠를 잘 하세요?
>
> **B : I'm good at swimming.**
> 아임 굿 엣 스위밍
> 저는 수영을 잘합니다.

운동을 좀 하세요?
Do you exercise?
두 유 엑서싸이즈

얼마나 자주 운동을 하세요?
How often do you work out?
하우 오-픈 두 유 워-크 아웃

가끔 운동을 합니다.
I work out now and then.
아이 워-크 아웃 나우 앤 댄

어떤 종류의 스포츠를 좋아합니까?
What kind of sports are you into?
왓 카인드 오브 스포츠 아 유 인투

테니스 잘 하세요?
Are you good at tennis?
아 유 굿 엣 테니스

Unit. 3 취미와 여가활동

당신은 축구 팬입니까?
Are you much of a football fan?
아 유 머취 오브 어 풋볼 팬

어제 밤 경기 봤습니까?
Did you catch the game last night?
디 쥬 캐치 더 게임 라스트 나이트

경기가 어떻게 됐나요?
How did the game turn out?
하우 디드 더 게임 터언 아웃

누가 이겼습니까?
Who won the game?
후 원 더 게임

우리가 1대0으로 이겼습니다.
We won the game one to nothing.
위 원 더 게임 원 투 낫씽

우리가 1대2으로 졌습니다.
We lost the game one to two.
위 로스트 더 게임 원 투 투-

동점으로 무승부입니다.
The score was tied.
더 스코- 워즈 타이드

Chapter 4 영화보기

주요표현

A : *Have you seen any good movies lately?*
해브 유 씬인 애니 굿 무-비스 레이트리
최근에 좋은 영화를 본 적 있니?

B : *Not really. How about you?*
낫 리얼리   하우 어바웃 유
아니. 넌 어때?

보고 싶은 영화가 있습니까?

Do you have a movie in mind?

두 유 해브 어 무-비 인 마인드

꼭 보고 싶은 것이 있습니다.

There is one I don't want to miss.

데어 이즈 원 아이 돈 원 투 미쓰

극장에서 무슨 영화를 상영하니?

What's on at the theater?

왓츠 온 엣 더 씨어터

상영 중인 영화가 뭡니까?

What's running at the theater?

왓츠 런닝 엣 더 씨어터

표가 매진입니다.

The tickets are all sold out.

더 티켓츠 아 올 쏠드 아웃

Unit. 3 취미와 여가활동

그 영화는 모두 매진입니다.
The movie's all sold out.
더 무-비스 올 쏠드 아웃

영화 재미있었니?
Did you enjoy the movie?
디 쥬 인조이 더 무-비

꽤 괜찮았습니다.
It was quite good.
잇 워즈 콰이트 굿

아주 형편없었습니다.
It was quite awful.
잇 워즈 콰이트 오-플

오랫동안 영화를 보러 가지 않았습니다.
It's been so long since I've been to the movies.
잇츠 빈 쏘우 로옹 씬스 아이브 빈 투 더 무-비스

나는 그 영화를 추천합니다.
I recommended the movie.
아이 레커멘디드 더 무-비

그 영화는 미성년자 관람불가입니다.
The movie was rated R.
더 무-비 워즈 뤠이티드 알

 **관련단어**

취미 및 여가활동

listening to music	리스닝 투 뮤-직	음악듣기
reading	리딩	독서
watching TV	왓칭 티비	TV보기
traveling	트레블링	여행
collecting stamps	콜렉팅 스템스	우표수집
pottery	포터리	도예
playing the piano	플레잉 더 피아노	피아노 연주
craft	크래프트	공예
taking pictures	테이킹 픽춰스	사진 촬영
cycling	사이클링	자전거 타기
mountain climbing	마운틴 클라이밍	등산하기
painting	페인팅	그림 그리기

영화 장르

horror movie	호-러 무-비	공포영화
comedy movie	코메디 무-비	희극영화
thriller	쓰릴러	스릴러물
cartoon	카-툰-	만화영화
adventure movie	어드벤쳐 무-비	모험영화

Unit. 3 취미와 여가활동

SF movie	에스에프 무-비	공상과학영화
action movie	액션 무-비	액션영화
disaster film	디재스터 필름	재난영화

스포츠

baseball	베이스볼-	야구
basketball	바스켓볼-	농구
football	풋볼-	축구, 미식축구
soccer	싸커	축구
golf	골프	골프
swim	스윔	수영
volleyball	발리볼-	배구
skate	스케이트	스케이트
ski	스키-	스키
tennis	테니스	테니스
table tennis	테이블 테니스	탁구
bowling	볼링	볼링
badminton	배드민턴	배드민턴
pool	푸울	당구
boxing	박싱	권투

Coffee Break

The beautiful girl said to the boy, "I'm having my birthday party on Saturday. Would you like to come?"

"Yes! Where do you live?"

"I'm at 1996 Elm street. When you get there, ring the doorbell with your nose."

"Why with my nose?" asked the boy.

And she said, "Well, you're not coming empty handed, are you?"

한 예쁜 소녀가 소년에게 말했다.

"나 이번 토요일에 생일파티를 하는데, 너도 올래?"

"좋아! 그런데 너 어디 사니?"

"1996 Elm 거리에 살아. 네가 우리집에 오면 벨은 너의 코로 눌러야 해."

"왜 코로 눌러야 하지?" 소년이 물었다.

"너 빈 손으로 오지 않을 거잖아. 그렇지?"하고 소녀가 말했다.

Unit 4

감정과 의견

- **Chapter 1** 감사의 표현과 답변
- **Chapter 2** 사과의 표현과 답변
- **Chapter 3** 기쁠 때
- **Chapter 4** 위로할 때
- **Chapter 5** 화났을 때
- **Chapter 6** 칭찬할 때
- **Chapter 7** 축하할 때
- **Chapter 8** 놀랐을 때
- **Chapter 9** 의견을 물을 때
- **Chapter 10** 동의할 때
- **Chapter 11** 동의하지 않을 때
- **Chapter 12** 사람을 묘사할 때
- **Chapter 13** 성격을 묘사할 때
- **Chapter 14** 제안, 권유할 때
- **Chapter 15** 부탁할 때
- **Chapter 16** 허락, 허가의 표현

Chapter 1 감사의 표현과 답변

주요표현

A : *Thank you for giving me a lift.*
쌩큐 포 기빙 미 어 리프트
태워 주셔서 감사합니다.

B : *You're welcome.*
유어 웰컴
천만에요.

감사를 표현하는 데 조금은 인색한 우리와 달리 서구인들은 사소한 도움에도 감사의 표현을 잊지 않습니다. 감사를 나타내는 말은 "Thank you for…(…해서 감사합니다)"의 표현을 많이 이용합니다. "give me a lift"는 "give me a ride"와 같은 뜻으로 '차에 태워주다' 의미입니다.

정말 감사합니다.
Thank you very much.
쌩큐 베리 머취

감사합니다. / 고마워요.
Thanks a lot. / Thanks.
쌩스 어 랏 쌩스

모든 것에 감사합니다.
Thank you for everything.
쌩큐 포 에브리씽

방문해 주셔서 감사합니다.
Thank you for coming.
쌩큐 포 커밍

① Unit. 4 감정과 의견

도와 주셔서 감사합니다.
Thank you for your help.
쌩큐 포 유어 헬프

저희와 함께 시간을 보내 주셔서 감사합니다.
I appreciate your spending time with us.
아이 어프리쉬에이트 유어 스펜딩 타임 위드 어스

천만에요.
Don't mention it.
돈 멘션 잇

천만에 말씀입니다.
You're more than welcome.
유어 모어 댄 웰컴

아무것도 아닙니다.
It's nothing.
잇츠 낫씽

제가 좋아서 한 겁니다.
It's my pleasure.
잇츠 마이 플레주얼

대단한 일도 아닙니다.
No big deal.
노 빅 디일

Chapter 2   사과의 표현과 답변

주요표현

A : ***I'm sorry to disturb you.***
아임 쏘리 투 디스털브 유
방해해서 죄송합니다.

B : ***That's OK.***
댓츠 오우케이
괜찮습니다.

감사나 칭찬과 마찬가지로 우리나라 사람들은 사과에도 서툰 편입니다. 반면 서구인들은 자신의 실수나 잘못에 대해 "I'm sorry." 또는 고의적인 상황이 아닌 경우에도 "Excuse me."란 표현을 자주 씁니다. 이런 사과하는 말에 대한 기본적인 답변은 "That's OK." 정도가 되겠습니다.

미안해요.
Sorry.
쏘리

정말 미안합니다. / 매우 미안합니다.
I'm really sorry. / I'm very sorry.
아임 리얼리 쏘리   아임 베리 쏘리

여러 가지로 죄송합니다.
I'm sorry for everything.
아임 쏘리 포 에브리씽

당신에게 사과드립니다.
I apologize to you.
아이 어폴로좌이즈 투 유

Unit. 4 감정과 의견

그것에 대해 사과드립니다.
I'm sorry about that.
아임 쏘리 어바웃 댓

그것은 제 잘못입니다.
It's my fault.
잇츠 마이 폴트

제가 실수를 했습니다.
I made a mistake.
아이 메이드 어 미스테이크

괜찮습니다.   / 문제되지 않습니다.
That's all right. / No problem.
댓츠 올 라잇   노 프라블럼

잊으세요.
Forget it.
포겟 잇

걱정하지 마세요.
Don't worry about it.
돈 워리 어바웃 잇

신경 쓰지 마세요.
Never mind.
네버 마인드

Chapter 3 기쁠 때

주요표현

A : *I would like you to come to my dinner.*
아이 우드 라이크 유 투 컴 투 마이 디너
저녁 식사에 초대하고 싶어요.

B : *That sounds good.*
What time should I come?
댓 사운즈 굿   왓 타임 슈드 아이 컴
좋습니다. 몇 시에 갈까요?

"sound"는 '소리, 듣다'라는 의미로 "That sounds good."을 직역하면 '좋게 들린다'이니 동의한다는 뜻이겠지요. 여기에서 "That" 대신 "it"을 써도 됩니다. '좋지 않다'라고 할 때는 "That sounds bad."라고 씁니다. "sound"는 감각 동사 중 하나로 뒤에는 형용사가 와야 합니다.

좋습니다.
That's great.
댓츠 그레이트

잘됐다!
Terrific!
터리픽

정말 잘됐군요!
That's wonderful!
댓츠 원더풀

정말 기쁘다.
I'm so happy.
아임 쏘우 해피

Unit. 4 감정과 의견

기분이 참 좋군요!
What a feeling!
왓 어 피일링

그 소식을 들어서 기쁩니다.
I'm glad to hear that.
아임 글래드 투 히어 댓

매우 기뻐요.
I'm very pleased.
아임 베리 플리-즈드

나는 아주 기분이 좋습니다.
I feel so good.
아이 피일 쏘우 굿

기분이 아주 좋아요.
I'm walking on air.
아임 워킹 온 에어

구름 위에 뜬 기분이에요.
I'm on cloud nine.
아임 온 크라우드 나인

정말 기뻐요!
How marvelous!
하우 마벌러스

Chapter 4 위로할 때

주요 표현

A : *My grandfather passed away.*
마이 그랜드파- 더 패스드 어웨이
할아버지가 돌아가셨습니다.

B : *That's too bad. Cheer up!*
댓츠 투- 배드   취얼 업
정말 안됐습니다. 힘내세요!

위로와 격려를 나타낼 때 쓰는 표현입니다. "too"는 부정적인 의미를 표현할 때 사용하고 유사 표현으로는 "I'm sorry to hear that."이 있습니다. "sorry"는 여기에서는 '유감'의 의미를 나타냅니다. '죽었다'라는 표현은 "die"를 쓰지만 공손한 표현으로는 "pass away"가 있습니다. 항상 과거시제로 표현합니다.

안됐군요.
That's a shame!
댓츠 어 쉐임

유감입니다.
What a pity!
왓 어 피티

참 안됐습니다.
That's terrible.
댓츠 테러블

모든 것이 괜찮았으면 좋겠네요.
I hope everything will be fine.
아이 홉 에브리씽 윌 비 파인

Unit. 4 감정과 의견

힘내세요!
Keep your chin up!
킵 유어 친 업

너무 걱정하지 마세요.
Don't worry too much.
돈 워리 투- 머취

세상이 끝난 건 아니야.
It's not the end of the world.
잇츠 낫 디 엔드 오브 더 월드

너는 해결할 수 있을 거야.
You can work it out.
유 캔 워-크 잇 아웃

그 말을 들으니 유감입니다.
I'm sorry to hear that.
아임 쏘리 투 히어 댓

곧 좋아지길 바래요.
I hope you feel better soon.
아이 홉 유 피일 베러 쑨운

삼가 조의를 표합니다.
Please accept my condolences.
플리-즈 엑셉트 마이 컨돌런스

Chapter 5 화났을 때

> **주요표현**
>
> **A : *I'm really annoyed with Tom.***
> 아임 리얼리 어노이드 위드 탐
> 정말 탐 때문에 화가 나요.
>
> **B : *Why?***
> 와이
> 왜 그러세요?

화가 나요.
I'm angry.
아임 앵그리

화가 납니다.
I'm upset.
아임 업셋

그녀는 나를 화나게 해요.
She makes me mad.
쉬 메익스 미 매드

당신 때문에 화가 나요.
You drive me crazy.
유 드라이브 미 크레이지

나를 화나게 하는군요.
It burns me up.
잇 번스 미 업

Unit. 4 감정과 의견

난 그에게 화가 나요.
I'm mad at him.
아임 매드 앳 힘

참을 수가 없네요.
I can't stand it.
아이 캔트 스탠드 잇.

참는 것도 한계가 있습니다.
My patience is worn out.
마이 패이션스 이즈 원 아웃

너무 화가 나요.
I'm so pissed off.
아임 쏘우 피스드 오프

너 나를 열받게 하는구나.
You piss me off.
유 피스 미 오프

그는 정말 지긋지긋해요.
I'm fed up with him.
아임 팸덥 위드 힘

진정하세요. / 화내지 마세요.
Calm down. / Don't be upset.
카암 다운   돈 비 업셋

77

Chapter 6 칭찬할 때

> **A : I heard you passed the exam. Good job!**
> 아이 헐드 유 패스드 디 이그젬 굿 잡
> 시험에 통과했다고 들었어. 잘했어.
>
> **B : I was lucky.**
> 아이 워즈 럭키
> 운이 좋았던 거야.

잘했어요.
You did a good job.
유 디드 어 굿 잡

잘했어요.
Well done!
웰 던

잘한다!
Way to go!
웨이 투 고

잘했어! (운동경기에서)
Good shot!
굿 샷

잘했어! (뭔가를 지적했을 때)
Good point!
굿 포인트

Unit. 4 감정과 의견

잘했어! (협상이나 가격 결정시)
Good deal!
굿 디일

잘한다.
That's it.
댓츠 잇

잘하는구나!
Good for you!
굿 포 유

나는 당신이 자랑스럽습니다.
I'm proud of you.
아임 프라우드 오브 유

당신은 그럴만한 충분한 자격이 있습니다.
You deserve it.
유 디저브 잇

잘됐군요.
Good on you.
굿 온 유

내 맘에 들어요.
I like it.
아이 라이크 잇

Chapter 7 축하할 때

> **A : Congratulations on your graduation.**
> 콩그레츄레이션즈 온 유어 그래쥬에이션
> 졸업을 축하합니다.
>
> **B : Thank you.**
> 쌩큐
> 고마워.

축하합니다.
Congratulations.
콩그레츄레이션즈

입학을 축하합니다.
Congratulations on your admission.
콩그레츄레이션즈 온 유어 어드미션

결혼을 축하합니다.
Congratulations on your wedding.
콩그레츄레이션즈 온 유어 웨딩

승진을 축하합니다.
Congratulations on your promotion.
콩그레츄레이션즈 온 유어 프로모션

시험 합격을 축하합니다.
Congratulations on your passing the exam.
콩그레츄레이션즈 온 유어 패씽 디 이그젬

Unit. 4 감정과 의견

성공을 축하합니다.
Congratulations on your success.
콩그레츄레이션즈 온 유어 썩쎄스

승리를 축하합니다.
Congratulations on your victory.
콩그레츄레이션즈 온 유어 빅토리

출산을 축하합니다.
Congratulations on the new baby.
콩그레츄레이션즈 온 더 뉴- 베이비

생일을 축하합니다.
Happy birthday to you!
해피 벌스데이 투 유

축하할 일이 있다면서요.
I hear congratulations are in order.
아이 히얼 콩그레츄레이션즈 아 인 오-더

기념일을 축하합니다.
Happy anniversary!
해피 애니버서리

Chapter 8 놀랐을 때

주요표현

A : *Julia has a new boy friend again.*
줄리아 해즈 어 뉴- 보이 프랜드 어게인
줄리아에게 또 새 남자 친구가 생겼대요.

B : *You're kidding!*
유아 키딩
농담이죠!

놀랍군요!
What a surprise!
왓 어 서프라이즈

믿을 수가 없네요.
I don't believe it.
아이 돈 빌리-브 잇

농담이죠!
You must be joking!
유 머스트 비 죠킹

정말이에요?
Are you serious?
아 유 시리어스

믿기지 않는데!
Incredible!
인크레더블

① Unit. 4 감정과 의견

이런, 세상에!
Oh, my gosh!
오 마이 고쉬

어머나! 어이쿠!
Oops!
웁스

무슨 말을 해야 할지 모르겠습니다.
I don't know what to say.
아이 돈 노우 왓 투 세이

예상을 전혀 못했습니다.
I never saw that coming.
아이 네버 쏘- 댓 커밍

내 눈을 믿을 수가 없습니다!
I can't believe that my eyes!
아이 캔트 빌리-브 댓 마이 아이즈

전혀 기대하지 못했어요.
That was totally unexpected.
댓 워즈 토털리 언익스펙티드

방금 이런 일이 일어났다는 것을 믿을 수 없어!
I can't believe that just happened!
아이 캔트 빌리-브 댓 져스트 해픈드

Chapter 9 의견을 물을 때

> **A : What do you think of this movie?**
> 왓 두 유 씽크 오브 디스 무-비
> 이 영화에 대해 어떻게 생각하세요?
>
> **B : I think it's very interesting.**
> 아이 씽크 잇츠 베리 인터레스팅
> 매우 흥미있는 영화라고 생각합니다.

상대방에게 '…에 대해 어떻게 생각하세요?'라고 물을 때 "What do you think…?"라는 표현을 쓸 수 있지만 정중하게 의견을 묻고 싶을 때는 "Do you have any opinion on…?"라는 표현으로 '…에 대해 당신의 의견을 어떻습니까?'라고 물어 볼 수도 있습니다. 답변으로는 보통 "I think….,"라고 말하지만 "I think"는 생략하는 경우가 많습니다.

어떻게 생각합니까?
What do you think?
왓 두 유 씽크

이것에 대해 어떻게 생각합니까?
What do you think about this?
왓 두 유 씽크 어바웃 디스

당신의 의견은 무엇입니까?
What is your opinion?
왓 이즈 유어 오피니언

당신의 입장은 무엇입니까?
What is your position?
왓 이즈 유어 포지션

❶ Unit. 4 감정과 의견

의견 있습니까?

Do you have any ideas?

두 유 해브 애니 아이디어스

그것에 대해 어떻게 생각하세요?

How do you feel about that?

하우 두 유 피일 어바웃 댓

어떻게 생각하세요?

What do you say?

왓 두 유 쎄이

당신의 의견을 듣고 싶어요.

I want your feedback.

아이 원트 유어 피-드백

내 생각에는 나쁘지 않다고 생각됩니다.

In my opinion, It's not bad.

인 마이 오피니언 잇츠 낫 배드

아주 좋다고 생각합니다.

I think it's very great.

아이 씽크 잇츠 베리 그레이트

괜찮다고 생각합니다.

I feel it's nice.

아이 피일 잇츠 나이스

85

Chapter 10 동의할 때

주요표현

> **A : English is a very difficult language to learn.**
> 잉글리쉬 이즈 어 베리 디피컬트 랭귀지 투 런
> 영어는 정말 배우기 어려운 언어입니다.
>
> **B : I agree with you.**
> 아이 어그리 위드 유
> 당신의 의견에 동감입니다.

다른 사람의 의견에 동의할 때 대표적으로 "I agree with you."라는 표현을 많이 씁니다. 간단하게 말할 때는 "You are right." 정도로 말합니다. 그리고 다른 사람의 의견에 강한 동의를 표현고자 할 때는 "Absolutely."를 사용하면 됩니다.

옳습니다.
That's right.
댓츠 라잇

당신이 맞아요.
You're right.
유어 라잇

동감입니다.
I feel the same way.
아이 피일 더 쎄임 웨이

내 생각도 그래요.
That's just what I was thinking.
댓츠 저스트 왓 아이 워즈 씽킹

Unit. 4 감정과 의견

바로 그거에요.
Exactly.
이그잭틀리

찬성입니다.
I'm for it.
아임 포 잇

저도 그와 같은 생각입니다.
I'm on his side.
아임 온 히스 싸이드

좋은 생각입니다.
That's a good idea.
댓츠 어 굿 아이디어

내가 말한 것이 바로 그거야.
That's what I'm saying.
댓츠 왓 아임 쎄잉

너 내 맘을 읽었구나.
You read my mind.
유 리-드 마이 마인드

맞아!
Bingo!
빙고

Chapter 11 동의하지 않을 때

주요표현

A : *English is a very easy language to learn.*
잉글리쉬 이즈 어 베리 이-지 랭귀지 투 런
영어는 정말 배우기 쉬운 언어입니다.

B : *I'm not sure I agree.*
아임 낫 슈어 아이 어그리
당신 의견에 동의하지 못하겠어요.

동의하지 않을 때는 "I don't agree with you." 혹은 "I disagree."
라는 표현을 쓰면 됩니다. 참고로 동의하지 않을 경우에는 자신의 의견을
말해 주는 예의는 있어야 하지 않을까 생각합니다.

당신 의견에 동의하지 않습니다.
I disagree with you.
아이 디스어그리 위드 유

그렇게 생각하지 않습니다.
I don't think so.
아이 돈 씽크 쏘우

그렇게 말하고 싶지 않습니다.
I wouldn't say that.
아이 우든트 쎄이 댓

그것이 사실일지 몰라도 저는 ~라고 생각합니다.
That might be true, but I think~.
댓 마이트 비 트루 벗 아이 씽크

Unit. 4 감정과 의견

당신 말이 맞는지 잘 모르겠군요.
I'm not sure if I agree with you.
아임 낫 슈어 이프 아이 어그리 위드 유

잘 모르겠는데요.
I don't know about that.
아이 돈 노우 어바웃 댓

난 동의할 수 없습니다.
I'm going to have to disagree with you on this one.
아임 고잉 투 해브 투 디스어그리 위드 유 온 디스 원

반대입니다.
I'm against it.
아임 어게인스트 잇

그것에 대해 동의할 수 없습니다.
I can't go along with you there.
아이 캔트 고우 어롱 위드 유 데어

그것은 일리에 맞지 않아요.
That doesn't make sense.
댓 더즌 메이크 센스

당신이 틀렸다고 생각합니다.
I think you're wrong.
아이 씽크 유아 로옹

89

Chapter 12 사람을 묘사할 때

> **A : *What does your brother look like?***
> 왓 더즈 유어 브라더 룩 라이크
> 당신의 남동생은 어떻게 생겼나요?
>
> **B : *He's about my height.***
> 히즈 어바웃 마이 하이트
> 그는 저정도 키입니다.

눈이 참 예쁘네요.
You have beautiful eyes.
유 해브 뷰티풀 아이즈

몸매가 좋은데요.
You are in good shape.
유 아 인 굿 셰입

목소리가 참 이쁘네요.
You have a very sweet voice.
유 해브 어 베리 스위트 보이스

그녀는 미소가 참 예쁩니다.
She has a sweet smile.
쉬 해즈 어 스위트 스마일

그는 약간 살이 쪘어요.
He's kind of heavy.
히즈 카인드 오브 해비

Unit. 4 감정과 의견

그녀는 긴 생머리를 하고 있어요.
She's got long straight hair.
쉬즈 갓 로옹 스트레잇 헤어

그는 키가 아주 커요.
He's very tall.
히즈 베리 톨-

그는 키가 아주 작아요.
He's very short.
히즈 베리 쇼옷트

그는 잘생겼어요.
He's a handsome guy.
히즈 어 핸섬 가이

당신은 정말 아름답습니다.
You are so beautiful.
유 아 쏘우 뷰티풀

그녀는 날씬해요.
She's slim.
쉬즈 슬림

어떻게 그렇게 좋은 몸매를 관리하세요?
How do you keep in such a good shape?
하우 두 유 킵 인 써치 어 굿 셰입

Chapter 13 성격을 묘사할 때

> **A : *What do you think about Jane?***
> 왓 두 유 씽크 어바웃 제인
> 제인에 대해 어떻게 생각합니까?
>
> **B : *She's really outgoing.***
> 쉬즈 리얼리 아웃고잉
> 그녀는 정말 외향적이에요.

그는 매우 엄격합니다.
He's very strict.
히즈 베리 스트릭트

그녀는 평판이 좋습니다.
She gets a good character.
쉬 겟츠 어 굿 캐릭터

그는 평판이 나쁩니다.
He gets a bad character.
히 겟츠 어 배드 캐릭터

모두들 그가 친절하다고 합니다.
Everybody says he's very friendly.
에브리바디 쎄즈 히즈 베리 프랜들리

그녀는 태평스러운 성격입니다.
She is easygoing.
쉬 이즈 이-지고잉

Unit. 4 감정과 의견

존은 강한 성격의 소유자입니다.
John has a strong character.
존 해즈 어 스트롱 캐릭터

그녀는 지루합니다.
She's boring.
쉬즈 보링

그는 긍정적인 사람입니다.
He's positive.
히즈 포지티브

그녀는 부정적인 사람입니다.
She's negative.
쉬즈 네커티브

그녀는 이기적입니다.
She's selfish.
쉬즈 셀피쉬

그녀는 예의가 없습니다.
She's rude.
쉬즈 루드

당신의 성격은 어떠세요?
How would you describe your personality?
하우 우쥬- 디스크라이브 유어 퍼스널러티

Chapter 14 제안, 권유할 때

주요표현

A: ***Why don't we go out for dinner?***
와이 돈트 위 고우 아웃 포 디너
저녁 먹으러 나가실래요?

B: ***That sounds great!***
댓 싸운즈 그레이트
그거 좋습니다.

상대방에게 제안이나 권유를 할 때 사용하는 표현으로 "Why don't you…?"가 있습니다. '…하는 게 어떠십니까?'의 의미로 허물 없는 사이에서 쓰는 표현이고 "you" 다음에는 동사 원형을 사용해야 합니다. 다른 표현으로는 "How about…?" 등이 있습니다.

공원으로 산책 가는 것이 어때요?
How about going for a walk in the park?
하우 어바웃 고잉 포 어 워-크 인 더 파크

우리 야구경기 보러 갑시다.
Let's go to a baseball game.
렛츠 고우 투 어 베이스볼 게임

이 드레스를 입어보는 게 어때?
Why don't you wear this dress?
와이 돈 츄 웨어 디스 드레스

우리 춤추러 갈까요?
Shall we go dancing?
쉘 위 고우 댄싱

Unit. 4 감정과 의견

어디 가서 술 한잔 할까요?

Would you like to go for a drink somewhere?

우쥬- 라이크 투 고우 포 어 드링크 썸웨얼

연극 보는 것이 어때요?

What about seeing a play?

왓 어바웃 씨-잉 어 플레이

교외로 드라이브 갈까요?

Shall we take a ride in the country?

쉘 위 테이크 어 라이드 인 더 컨츠리

오늘 저녁에 한잔 하는 게 어때?

How about a drink this evening?

하우 어바웃 어 드링크 디스 이-브닝

좋은 생각이에요.

That's a good idea.

댓츠 어 굿 아이디어

좋은 생각입니다.

That sounds like a good idea.

댓 싸운즈 라이크 어 굿 아이디어

미안하지만 그럴 기분이 아니에요.

Sorry but I don't feel like it.

쏘리 벗 아이 돈 피일 라이크 잇

95

Chapter 15 부탁할 때

> **A : Can you do me a favor?**
> 캔 유 두 미 어 페이버
> 제 부탁을 들어 주시겠습니까?
>
> **B : Sure.**
> 슈어
> 물론입니다.

"do… a favor"는 '은혜를 베풀다.' 또는 '부탁을 들어주다.' 라는 뜻으로 "Can you do me a favor?"는 어떤 것을 부탁할 때 사용하는 표현입니다. 직접 부탁하는 경우에 "can you…" 보다 "would you…", "could you…"의 표현을 사용하면 좀더 정중한 표현이 됩니다.

부탁을 드려도 될까요?
Could I ask you something?
쿠드 아이 애스크 유 썸씽

부탁을 드려도 될까요?
May I ask a favor of you?
메이 아이 애스크 어 페이버 오브 유

내 가방을 좀 봐 주시겠어요?
Would you keep an eye on my bag?
우쥬- 킵 언 아이 온 마이 백

펜 좀 건네주시겠습니까?
Could you pass me the pen?
쿠쥬 패스 미 더 펜

Unit. 4 감정과 의견

창문 좀 열어 주시겠어요?
Could you open the window?
쿠쥬- 오우픈 더 윈도우

저 좀 도와 주시겠어요?
Can you help me?
캔 유 헬프 미

물론이죠, 제가 할 수 있으면요. 뭐지요?
Sure, if I can. What is it?
슈어 이프 아이 캔 왓 이즈 잇

미안해요. 할 수 없습니다. 저는 지금 아주 바쁩니다.
Sorry, I can't. I'm very busy now.
쏘리 아이 캔트 아임 베리 비지 나우

미안합니다, 지금은 곤란합니다.
Sorry, you're asking at a bad time.
쏘리 유아 애스킹 앳 어 배드 타임

물론이죠.
All right.
올 라잇

그렇게 할게요. [문제 없습니다.]
No problcm.
노 프라블럼

97

Chapter 16 허락, 허가의 표현

> A : **May I use your telephone?**
> 메이 아이 유-즈 유어 텔레포운
> 전화를 빌려 써도 될까요?
>
> B : **Yes, of course.**
> 예스 오브 코오스
> 예, 물론이죠.

허가나 동의를 구하는 표현에는 거의 조동사를 이용합니다. "can I…?"와 "may I…?"를 주로 사용하며 막연한 사이에는 "can"을 많이 이용합니다. 그 밖에 "I'd like to…", "let me…", "do you mind…?" 등을 사용합니다. 정중한 표현을 하자면 "please"를 사용하면 됩니다.

여기 앉아도 될까요?
May I sit here?
메이 아이 씻 히어

펜 좀 빌릴 수 있을까요?
Can I borrow your pencil?
캔 아이 바로우 유어 펜슬

제가 히터를 켜도 괜찮겠습니까?
Would you mind if I turned on the heat?
우쥬- 마인드 이프 아이 터언드 온 더 히-트

들어가도 될까요?
May I come in?
메이 아이 컴 인

98

Unit. 4 감정과 의견

제가 이것을 가져가도 괜찮습니까?
Do you mind if I take this?
두 유 마인드 이프 아이 테이크 디스

일찍 출발해도 괜찮습니까?
Is it OK if I leave early?
이즈 잇 오우케이 이프 아이 리-브 어얼리

제 소개를 해도 될까요?
Let me introduce myself.
렛 미 인트로듀-스 마이셀프

물론입니다.
Sure.
슈어

그러십시오.
Not at all.
낫 앳 올

편하실대로 하세요.
Be my guest.
비 마이 게스트

괜찮습니다.
It's all right with me.
잇츠 올 라잇 위드 미

 관련단어

감정

happy	해피	행복한
sad	쌔드	슬픈
fear	피어	두려운
gloomy	글루-미	우울한
great	그레이트	멋진, 대단한
good	굿	좋은
bad	배드	나쁜
pity	피티	불쌍한
shame	쉐임	유감스러운 일, 부끄러움
blue	블루-	푸른, 우울한
lonely	로온니	외로운
dull	덜	무딘
fun	펀	재미있는
interested	인터레스티드	흥미있는
upset	업셋	속상한, 당황한
bitter	비터	몹시 슬픈
delighted	딜라이티드	기쁜
depressed	디프레스트	우울한

● Unit. 4 감정과 의견

| pleased | 플리-즈드 | 유쾌한, 만족스러운 |
| fantastic | 판타스틱 | 환상적인 |

신체

body	바디	몸
head	헤드	머리
hair	헤어	머리카락
face	페이스	얼굴
neck	넥	목
shoulder	숄더	어깨
arm	아암	팔
leg	레그	다리
hand	핸드	손
eye	아이	눈
nose	노오즈	코
mouth	마우스	입
ear	이어	귀
lip	립	입술
foot	풋	발
toe	토우	발가락

관련단어

성격

rough	러프	거친
stubborn	스터번	고집이 센
picky	피키	까다로운
persistent	퍼시스턴트	끈질긴, 완고한
bad	배드	나쁜
shy	샤이	내성적인
outgoing	아웃고잉	외향적인
sweet	스위트	따뜻한, 즐거운
generous	제너러스	관대한
friendly	프랜드리	다정한
cheerful	치어풀	쾌활한
calm	카암	침착한
nice	나이스	착한
quiet	콰이어트	조용한
selfish	셀피쉬	이기적인
easygoing	이-지고잉	원만한
gentle	젠틀	온순한
active	엑티브	적극적인

Part 2

상황 표현

- **Unit 1** 전화
- **Unit 2** 항공 여행
- **Unit 3** 호텔
- **Unit 4** 대중교통과 렌터카 이용하기
- **Unit 5** 식당에서
- **Unit 6** 일상생활에서
- **Unit 7** 쇼핑하기
- **Unit 8** 직장에서

Never, never, never, never give up!
— *Winston Churchill*

절대로, 절대로, 절대로, 절대로 포기하지 말라. －윈스턴 처칠

Unit 1

전화

Chapter 1   전화 걸 때
Chapter 2   전화 받을 때
Chapter 3   전화 연결할 때
Chapter 4   부재 중, 통화 중일 때
Chapter 5   메시지를 남길 때
Chapter 6   기타 전화 표현

English

Chapter 1 전화 걸 때

주요표현

A : *Good morning. May I help you?*
굿 모-닝   메이 아이 헬프 유
안녕하세요. 무엇을 도와 드릴까요?

B : *This is Mr. Kim.*
May I speak to Jane, please?
디스 이즈 미스터 킴 메이 아이 스피크 투 제인 플리-즈
저는 미스터 김입니다. 제인과 통화할 수 있을까요?

전화 통화를 할 때는 상대의 얼굴과 표정을 알 수 없기 때문에 의사 전달에 좀더 신경을 써야 합니다. 또한 전화를 하다 보면 본인을 밝히지도 않고 용건을 말해 당황스러운 상황을 만드는 경우도 있습니다. 바쁘고 급한 상황이라도 본인의 신분을 밝히고 용건을 말하는 습관을 들여 봅시다.

T마켓의 김수민입니다.

This is Sumin Kim from T market.
디스 이즈 수민 킴 프럼 티 마켓

케빈과 통화할 수 있을까요?

I'd like to talk to Kevin, please.
아이드 라이크 투 토-크 투 케빈 플리-즈

폴 있습니까?

Is Paul there?
이즈 폴 데어

누구세요?

Who am I speaking to, please?
후 엠 아이 스피킹 투 플리-즈

❷ Unit. 1 전화

거기가 608-9843입니까?
Is this 608-9843?
이즈 디스 식스 지로 에잇 나인 에잇 포- 쓰리-

여보세요, 저는 민수입니다.
Hello, This is Minsu speaking.
헬로우 디스 이즈 민수 스피킹

마크 부탁합니다.
Mark, please.
마크 플리-즈

안녕하세요. 마크의 전화인가요?
Hi! Is this Mark's phone?
하이 이즈 디스 마크스 포운

마크와 통화하고 싶습니다.
Please connect me to Mark.
플리-즈 커넥트 미 투 마크

거기가 마크 씨 댁입니까?
Is this Mr. Mark's residence?
이즈 디스 미스터 마크스 레지던스

데이빗과 통화할 수 있을까요?
Could I speak to David, please?
쿠드 아이 스피크 투 데이빗 플리-즈

107

Chapter 2 전화 받을 때

주요표현

A : *May I speak to Mr. Lee?*
메이 아이 스피크 투 미스터 리
미스터 리와 통화할 수 있나요?

B : *This is he.*
디스 이즈 히
접니다.

전화 왔습니다.
There is a call for you.
데어 이즈 어 코올 포 유

당신 전화입니다.
It's for you.
잇츠 포 유

제가 전화를 받겠습니다.
I'll cover the phones.
아일 커버 더 포운즈

내가 받을게.
I'll answer it.
아일 앤썰 잇

제가 데이빗입니다.
This is David.
디스 이즈 데이빗

Unit. 1 전화

누구세요?
Who is calling, please?
후 이즈 코올링 플리-즈

전데요.
That's me.
댓츠 미

누구에게 전화 걸었습니까?
Who are you calling?
후 아 유 코올링

좀 더 크게 말씀해 주세요.
Could you speak up a little?
쿠쥬- 스피크 업 어 리틀

좀 더 천천히 말씀해 주세요.
Please speak a little more slowly.
플리-즈 스피크 어 리틀 모어 슬로우리

다시 말씀해 주시겠습니까?
I beg your pardon?
아이 백 유어 파든

누구와 통화하고 싶으세요?
Who do you wish to speak to?
후 두 유 위시 투 스피크 투

Chapter 3 전화 연결할 때

주요표현

A : Is there Tim?
이즈 데어 팀
팀 있습니까?

B : One moment, please.
원 모먼트 플리-즈
잠시만 기다려 주세요.

잠시만요.
Just a minute, please.
져스트 어 미니츠 플리-즈

기다려 주세요.
Please hold on.
플리-즈 홀드 온

잠시만 기다리세요.
Hold on a moment, please.
홀드 온 어 모먼트 플리-즈

잠시만요.
One second.
원 세컨드

네, 바로 연결해 드릴게요.
Sure, I'll transfer you right away.
슈어 아일 트랜스퍼 유 라잇 어웨이

❷ Unit. 1 전화

샐리, 전화 왔어요.
Shelly, there is a call for you.
샐리 데어 이즈 어 코올 포 유

탐에게 전화를 연결하겠습니다.
I'll put you through to Tom.
아일 풋 유 쓰루 투 탐

그대로 기다려 주시겠어요?
Can you hold the line, please?
캔 유 홀드 더 라인 플리-즈

팀 바꿔 드릴께요.
Let me get Tim.
렛 미 겟 팀

기다려 주셔서 감사합니다.
Thank you for waiting.
쌩큐 포 웨이팅

기다리게 해서 죄송합니다.
I'm sorry to keep you waiting.
아임 쏘리 투 킵 유 웨이팅

리타 바꿔 드릴게요.
I'll get Rita for you.
아일 겟 리타 포 유

111

Chapter 4   부재 중, 통화 중일 때

> **A : Peter, please.**
> 피터 플리-즈
> 피터를 바꿔 주세요.
>
> **B : I'm sorry, he's out for the day.**
> 아임 쏘리 히즈 아웃 포 더 데이
> 죄송하지만 그는 오늘 없습니다.

자동응답기는 "answering machine"이라고 합니다. 부재중 메세지를 남길 때의 표현을 알아 봅시다.
"This is Mi Young Kim. I'm sorry but I can't answer the phone right now. Please leave a message after the beep. I'll call you back as soon as possible. Thank you for calling." '저는 김미영입니다. 죄송하게도 지금 전화를 받지 못합니다. 삐 소리가 나면 메시지를 남겨 주세요. 가능한 빨리 전화 드리겠습니다. 전화 감사합니다.'

그는 지금 없습니다.

He isn't here right now.
히 이즌 히어 라잇 나우

그는 지금 통화하기 힘들어요.

He isn't available now.
히 이즌 어베일러블 나우

죄송합니다, 그는 지금 회의 중입니다.

I'm sorry, he's in a meeting right now.
아임 쏘리 히즈 인 어 미-팅 라잇 나우

❷ Unit. 1 전화

그는 지금 통화 중입니다.
He is on the line.
히 이즈 온 더 라인

그녀는 지금 외출 중입니다.
She is out now.
쉬 이즈 아웃 나우

그녀는 출장 중입니다.
She is on a business tirp.
쉬 이즈 온 어 비즈니스 트립

그녀는 오늘 쉬는 날입니다.
She is off today.
쉬 이즈 오프 투데이

그는 퇴근했습니다.
He just left for home.
히 져스트 레프트 포 홈

그녀는 점심 식사하러 나갔습니다.
She is out for lunch.
쉬 이즈 아웃 포 런치

그는 이제 여기서 일하지 않습니다.
He's no longer working here.
히즈 노 롱거 워-킹 히어

Chapter 5 메시지를 남길 때

주요표현

A : *Would you like to leave a message?*
우쥬- 라이크 투 리-브 어 메시지
메시지를 남기겠습니까?

B : *Could you ask him to call me?*
쿠쥬- 애스크 힘 투 코올 미
저에게 전화하라고 전해 주시겠어요?

메시지를 전해 줄까요?
Can I take a message?
캔 아이 테이크 어 메시지

그녀에게 전화 드리라고 할까요?
Would you like her to call you back?
우쥬- 라이크 허 투 코올 유 백

그녀에게 메시지를 남겨도 될까요?
Can I leave her a message?
캔 아이 리-브 허 어 메시지

전화 부탁한다고 전해 주세요.
Please tell him to call me back.
플리-즈 텔 힘 투 코올 미 백

한 시간 후에 다시 전화할게요.
I'll call again in an hour.
아일 코올 어게인 인 언 아워

Unit. 1 전화

내가 전화했다고 전해 주세요.
Just tell him that I called.
져스트 텔 힘 댓 아이 코올드

무슨 일이시죠?
What is it regarding?
왓 이즈 잇 리가딩

그에게 전화하라고 할까요?
Should I have him call you back?
슈드 아이 해브 힘 코올 유 백

그에게 전화가 왔었다고 알려 줄게요.
I'll let him know you called.
아일 렛 힘 노우 유 코올드

돌아오면 전화 달라고 전해 주세요.
Please ask him to return my call.
플리-즈 애스크 힘 투 리터언 마이 코올

메모 남기시겠어요?
May I take a message?
메이 아이 테이크 어 메시지

그가 돌아오는 대로 전화하라고 하겠습니다.
I'll have him call you back as soon as he gets in.
아일 해브 힘 코올 유 백 애즈 쑤운 애즈 히 겟츠 인

115

Chapter 6 기타 전화 표현

> **주요표현**
>
> **A : *Michael, please.***
> 마이클 플리-즈
> 마이클을 바꿔 주세요.
>
> **B : *You have the wrong number.***
> 유 해브 더 로웅 넘버
> 전화 잘못 거셨습니다.

그런 이름을 가진 사람이 없습니다.

There is no one here by that name.

데어 이즈 노 원 히어 바이 댓 네임

전화 온 것 있나요?

Did anyone call?

디드 애니원 코올

제 방에서 한국으로 직접 전화할 수 있습니까?

Can I make a direct call to Korea from my room?

캔 아이 메이크 어 다이렉트 코올 투 코리아 프럼 마이 루움

잘 안 들립니다.

I can't hear you very well.

아이 캔트 히어 유 베리 웰

크게 말씀해 주세요.

Can you speak up, please?

캔 유 스피컵 플리-즈

Unit. 1 전화

회선 상태가 좋지 않습니다.
We have a bad connection.
위 해브 어 배드 커넥션

미안하지만 여기에는 미나라는 사람이 없습니다.
Sorry but we don't have a Mina here.
쏘리 벗 위 돈 해브 어 미나 히어

몇 번으로 전화하셨나요?
What number did you dial?
왓 넘버 디쥬 다이얼

수신자부담 통화를 부탁합니다.
By collect call, please.
바이 콜렉트 코올 플리-즈

미안하지만 오래 통화를 못합니다.
Sorry but I can't talk long.
쏘리 벗 아이 캔 토-크 로옹

전화를 끊어야겠습니다.
I have to get off the line now.
아이 해브 투 겟 오프 더 라인 나우

전화 주셔서 감사합니다.
Thank you for calling.
쌩큐 포 코올링

 **관련단어** ·········· Unit. 1 전화 ··········

yellow pages	옐로우 페이지즈	전화번호부
local call	로컬 코올	시내전화
long distance call	롱 디스턴스 코올	장거리 전화
international call	인터내셔널 코올	국제전화
payphone	페이포운	공중전화
phone booth	포운 부쓰	공중전화 박스
mobile phone	모바일 포운	휴대전화
pager	페이저	호출기
operator	오퍼레이터	교환원
area code	에어리어 코드	지역번호
answering machine	앤써링 머씨인	자동응답기
ring	링	전화벨
text message	텍스트 메시지	문자메시지
dial	다이얼	(전화기) 숫자판
phone card	포운 카-드	전화카드
collect call	콜렉트 코올	수신자부담 통화
connection	커넥션	회선

항공 여행

Unit 2

Chapter 1 항공권 구매와 변경
Chapter 2 공항에서
Chapter 3 기내에서
Chapter 4 입국 신고하기
Chapter 5 세관 검사와 수하물 찾기
Chapter 6 환전하기
Chapter 7 위급 상황일 때

Chapter 1 항공권 구매와 변경

주요표현

A : I'd like to reserve a flight.
아이드 라이크 투 리절브 어 플라이트
비행기표를 예약하고 싶습니다.

B : Where would you like to go?
웨얼 우쥬- 라이크 투 고우
어디 가세요?

뉴욕행 항공권을 예약하고 싶습니다.
I'd like to make a reservation to New York.
아이드 라이크 투 메이크 어 레줘베이션 투 뉴욕

언제 떠나세요?
When would you like to leave?
웬 우쥬- 라이크 투 리-브

빠른 비행기로 부탁합니다.
I'd like an earlier flight.
아이드 라이크 언 어얼리어 플라이트

늦게 가는 비행기로 부탁합니다.
I'd like a later fight.
아이드 라이크 어 레이러 플라이트

언제 출발하실 예정입니까?
When will you depart?
웬 윌 유 디파-트

Unit. 2 항공 여행

왕복 티켓인가요 아니면 편도 티켓인가요?
Would that be a round trip or one way ticket?
우드 댓 비 어 라운드 트립 오어 원 웨이 티켓

일반석을 원하세요 아니면 비즈니스석을 원하세요?
Do you want economy class or business?
두 유 원트 이코노미 클래스 오어 비즈니스

출발 시간이 언제입니까?
When is your departure time?
웬 이즈 유어 디파-춰 타임

마일리지카드가 있습니까?
Do you have a mileage card?
두 유 해브 어 마일리지 카-드

제 예약을 확인하고 싶습니다.
I'd like to confirm my reservation.
아이드 라이크 투 컨펌 마이 레줘베이션

제 예약을 취소하고 싶습니다.
I'd like to cancel my booking.
아이드 라이크 투 캔슬 마이 북킹

12월 24일 비행기로 변경하고 싶습니다.
I'd like to change it to a flight for December 24th.
아이드 라이크 투 체인지 잇 투 어 플라이트 포 디셈버 투웬니포-스

Chapter 2 공항에서

> **A: *Would you like a window or an aisle seat?***
> 우쥬- 라이크 어 윈도우 오어 언 아일 시-트
> 창가 쪽 자리를 원하세요 아니면 통로 쪽 자리를 원하세요?
>
> **B: *A window seat, please.***
> 어 윈도우 시-트 플리-즈
> 창가 쪽 자리를 주세요.

수학여행을 해외로 갈 정도로 해외 여행이 보편화되었습니다. 항공기 이용 관련 표현을 알고 있다면 많은 도움이 되겠지요? 비행기 좌석에는 창가와 통로 쪽이 있습니다. 윗문장은 어느 자리를 원하는지 묻는 상황에서 '…을 원하다, 갖고 싶다'라는 "would like"를 사용한 표현이며 다른 표현으로는 "Do you want a window or an aisle seat?"이 있습니다.

대한항공 카운터는 어디입니까?
Where is the Korean Airlines counter?
웨얼 이즈 더 코리안 에어라인즈 카운터

체크인 할 수 있습니까?
Can I check in now?
캔 아이 체크 인 나우

창가 쪽 자리를 원하세요 아니면 통로 쪽 자리를 원하세요?
Do you want a window or an aisle seat?
두 유 원트 어 윈도우 오어 언 아일 시-트

창가 자리 아무 곳이나 주세요.
Please find me any window seat.
플리-즈 파인드 미 애니 윈도우 시-트

122

Unit. 2 항공 여행

빈 칸에 앉게 해 주세요.
Please seat me in an empty section.
플리-즈 시-트 미 인 언 앰티 섹션

짐이 몇 개나 있습니까?
How many bags do you have?
하우 매니 백스 두 유 해브

이 짐은 기내 휴대용 가방입니다.
This is a carry on bag.
디즈 이즈 어 캐리 온 백

가지고 탈 것만 있습니다.
I have only got carry on.
아이 해브 온리 갓 캐리 온

이 짐을 맡기겠습니다.
I'll check this baggage.
아일 체크 디스 배기쥐

비행기는 예정대로 출발합니까?
Is the flight on time?
이즈 더 플라이트 온 타임

탑승이 시작되었나요?
Has boarding begun?
해즈 보딩 비건

Chapter 3   기내에서

주요표현

> **A : *Would you show me your boarding pass, Please?***
> 우쥬- 쇼우 미 유어 보딩 패스 플리-즈
> 탑승권을 보여 주시겠습니까?
>
> **B : *Here you are.***
> 히어 유 아
> 여기 있습니다.

제 좌석은 어디입니까?
Where is my seat?
웨얼 이즈 마이 시-트

읽을 것이 있나요?
Do you have anything to read?
두 유 해브 애니씽 투 리드

신문 좀 주시겠습니까?
May I have a newspaper?
메이 아이 해브 어 뉴스페이퍼

마실 것 좀 주세요.
Can I have something to drink?
캔 아이 해브 썸씽 투 드링크

Unit. 2 항공 여행

어떤 음료들이 있습니까?
What kind of drinks do you have?
왓 카인드 오브 드링스 두 유 해브

콜라를 주세요.
Coke, please.
코크 플리-즈

담요 한 장 주시겠습니까?
Can I have a blanket, please?
캔 아이 해브 어 블랭킷 플리-즈

베개 하나 주시겠습니까?
May I have a pillow?
메이 아이 해브 어 필로우

화장실은 어디입니까?
Where is the lavatory?
웨얼 이즈 더 래버토리

좌석을 눕혀도 될까요?
Can I recline the seat?
캔 아이 리클라인 더 시-트

기내에서 면세품을 판매하나요?
Do you sell tax-free goods on the flight?
두 유 쎌 텍스프리- 굿즈 온 너 플라이트

Unit. 2 항공 여행

실례지만 이 자리는 제 자리입니다.

Excuse me, but I'm afraid this is my seat.

익스큐-즈 미 벗 아임 어프레이드 디스 이즈 마이 시-트

미안하지만 자리를 바꿔도 됩니까?

Excuse me, may I change my seat?

익스큐-즈 미 메이 아이 체인지 마이 시-트

괜찮으시면 저와 자리를 바꿔 주시겠습니까?

Would you mind changing your seat with me?

우쥬- 마인드 체인징 유어 시-트 위드 미

요즘은 종이 항공권을 대체하는 신개념 항공권인 e-티켓(Electronic Ticket)이 많이 이용되고 있습니다. e-티켓은 서비스센터로 전화하거나 항공사 홈페이지에서 쉽게 예매할 수 있습니다. e-티켓은 항공권의 세부 내역을 항공사의 시스템에 보관하기 때문에 분실이나 훼손의 걱정이 없습니다. 구매한 항공권의 정보는 이메일이나 팩스로 송부되는 e-티켓 확인증(Itinerary/Receipt)을 통해 확인이 가능합니다.

Chapter 4 입국 신고하기

주요표현

> **A : May I see your passport?**
> 메이 아이 씨- 유어 패스포트
> 여권을 보여 주시겠습니까?
>
> **B : Here it is.**
> 히어 잇 이즈
> 여기요.

여권을 보여 주세요.
Please show me your passport.
플리-즈 쇼우 미 유어 패스포트

방문 목적이 무엇입니까?
What is the purpose of your visit?
왓 이즈 더 퍼포즈 오브 유어 비지트

휴가를 보내러 왔습니다.
I'm here for vacation.
아임 히어 포 베케이션

관광차 왔습니다.
For sightseeing.
포 싸이트씽

공부하러 왔습니다.
I'm here to study.
아임 히어 투 스터디

Unit. 2 항공 여행

런던에서 열리는 회의에 참석할 예정입니다.
I will be attending a conference in London.
아월 비 어탠딩 어 컨퍼런스 인 런던

얼마나 머물 예정입니까?
How long will you stay here?
하우 로옹 월 유 스테이 히어

1주 머물 예정입니다.
For a week.
포 어 윅

6일 머물 예정입니다.
I'll be here for 6 days.
아일 비 히어 포 식스 데이즈

어디서 머물 예정입니까?
Where will you be staying in?
웨얼 월 유 비 스테잉 인

어디에 머무르실 겁니까?
Where are you going to stay?
웨얼 아 유 고잉 투 스테이

그랜드 호텔에 머물 것입니다.
I will be staying at the Grand Hotel.
아 월 비 스테잉 엣 더 그랜드 호텔

Chapter 5 세관 검사와 수하물 찾기

> **A: *Do you have anything to declare?***
> 두 유 해브 애니씽 투 디클레어
> 세관에 신고할 물건이 있습니까?
>
> **B: *I have nothing to declare.***
> 아이 해브 나씽 투 디클레어
> 신고할 것이 없습니다.

현금은 얼마나 가지고 있습니까?
How much money do you have?
하우 머치 머니 두 유 해브

500달러 정도입니다.
I have about 500 dollars.
아이 해브 어바웃 파이브 헌드레드 달러즈

가방 좀 열어 주세요.
Open your bag, please.
오우픈 유어 백 플리-즈

가방에 무엇이 있습니까?
What do you have in your bag?
왓 두 유 해브 인 유어 백

그것은 선물입니다.
It's a gift.
잇츠 어 기프트

Unit. 2 항공 여행

이것들은 전부 저의 일상적인 물건입니다.
These are all my personal effects.
디즈 아 올 마이 퍼스널 이펙츠

한국으로 가져갈 기념품입니다.
This is a souvenir that I'm taking to Korea.
디스 이즈 어 스-브니어 댓 아임 테이킹 투 코리아

다른 사람의 잘 모르는 물건을 가지고 있습니까?
Are you carrying any unidentified items on behalf of other people?
아 유 캐링 애니 언아이덴티파이드 아이템스 온 비할프 오브 아더 피플

수하물 찾는 곳이 어디인가요?
Where is the baggage claim area?
웨얼 이즈 더 배기쥐 클레임 에어리어

저의 짐을 찾을 수가 없습니다.
I can't find my baggage.
아이 캔트 파인드 마이 배기쥐

수하물표를 볼 수 있을까요?
Can I see your baggage claim tag?
캔 아이 씨- 유어 배기쥐 클레임 텍

다음 비행기로 올 겁니다.
It'll be coming in on the next flight.
잇윌 비 커밍 인 온 더 넥스트 플라이트

Chapter 6 환전하기

주요표현

A: *Could you change this bill to small change?*
쿠쥬- 체인지 디스 빌 투 스몰 체인지
이 지폐를 잔돈으로 바꿀 수 있나요?

B: *How would you like to change it?*
하우 우쥬- 라이크 투 체인지 잇
어떻게 바꿔 드릴까요?

어디에서 환전을 할 수 있을까요?
Where can I change money?
웨얼 캔 아이 체인지 머니

외국돈을 어디서 환전할 수 있나요?
Where can I exchange some foreign currency?
웨얼 캔 아이 익스체인지 썸 포린 커런씨

오늘 환율은 얼마입니까?
What's the current exchange rate today?
왓츠 더 커런트 익스체인지 레이트 투데이

여기 외환환산표가 있습니다.
Here is the exchange rate table.
히어 이즈 디 익스체인지 레이트 테이블

이것을 달러로 바꿔 주세요.
Change these to dollars, please.
체인지 디즈 투 달러즈 플리-즈

한국 돈을 달러로 바꾸고 싶습니다.
I'd like to change Korean money into dollars.
아이드 라이크 투 체인지 코리안 머니 인투 달러즈

한국 돈을 달러로 환전하고 싶습니다.
I'd like to exchange Korean won for dollars.
아이드 라이크 투 익스체인지 코리안 원 포 달러즈

전부 10달러 지폐로 주세요.
I want it all in ten dollar bills.
아이 원트 잇 올 인 텐 달러 빌즈

10달러 지폐 7장과 1달러 지폐 30장 주세요.
I want seven ten dollar bills and thirty one dollar bills.
아이 원트 세븐 텐 달러 빌즈 앤 써-티 원 달러 빌즈

여행자수표를 현금으로 바꿔 주세요.
Please cash my traveler's check.
플리-즈 캐쉬 마이 트레블러즈 첵

❷ Unit. 2 항공 여행

여기에서 여행자수표를 현금으로 바꿀 수 있나요?
Can I cash a traveler's check here?
캔 아이 캐쉬 어 트레블러즈 첵 히어

이 여행자수표를 현금으로 바꾸고 싶습니다.
I'd like to cash this traveler's check.
아이드 라이크 투 캐쉬 디스 트레블러즈 첵

뒤에 이서를 해 주세요.
Please endorse on the back.
플리-즈 인도오스 온 더 백

Chapter 7 위급 상황일 때

주요 표현

A : How can I help you?
하우 캔 아이 헬 퓨
무엇을 도와 드릴까요?

B : I lost my wallet.
아이 로스트 마이 월릿
지갑을 잃어버렸습니다.

분실물 센터가 어디에 있나요?
Can you tell me where the lost and found office is?
캔 유 텔미 웨얼 더 로스트 앤 파운드 오-피스 이즈

지하철에 가방을 놓고 내렸습니다.
I left my bag in the subway.
아이 레프트 마이 백 인 더 서브웨이

언제 가방이 없어진 것을 아셨나요?
When did you notice your bag was missing?
웬 디 쥬 노티스 유어 백 워즈 미씽

가방이 어떻게 생겼나요?
What does the bag look like?
왓 더즈 더 백 룩 라이크

여권을 도난당했습니다.
My passport was stolen.
마이 패스포트 워즈 스톨른

Unit. 2 항공 여행

한국영사관은 어디 있습니까?
Where is the Korean consulate?
웨얼 이즈 더 코리안 칸설릿

한국대사관은 어디에 있습니까?
Where is the Korean Embassy?
웨얼 이즈 더 코리안 앰버시

한국영사관에 전화 좀 해 주시겠습니까?
Would you call the Korean Embassy?
우쥬- 코올 더 코리안 앰버시

만약 찾게 되면 이 메모에 있는 번호로 연락 주세요.
If you find it, please contact the number on this memo?
이프 유 파인드 잇 플리-즈 컨텍트 더 넘버 온 디스 메모

구급차를 불러 주세요.
Please call an ambulance.
플리-즈 코올 언 앰뷸런스

사고가 일어났습니다.
An accident has happened.
언 액씨던트 해즈 해픈드

그의 차가 내 차를 받았습니다.
His car ran into my car.
히즈 카- 랜 인투 마이 카-

관련단어

airline	에어라인	항공사
airport	에어포트	공항
passport	패스포트	여권
ticket	티켓	티켓, 항공권
e-Ticket	이 티켓	전자 티켓
round trip ticket	라운드 트립 티켓	왕복항공권
one way ticket	원 웨이 티켓	편도권
departure	디파-춰	출발
arrival	어라이벌	도착
business class	비즈니스 클래스	비즈니스석
economy class	이코노미 클래스	일반석
boarding pass	보-딩 패스	항공권
seat	시-트	좌석
baggage	배기쥐	수하물, 짐
luggage	러기쥐	수하물
gate number	게이트 넘버	탑승구 번호
steward	스튜-어드	남승무원
stewardess	스튜-어디스	여승무원
cabin crew	케빈 크루-	객실 승무원

Unit. 2 항공 여행

emergency exit	이머-전시 엑지트	비상구
non smoking seat	난 스모킹 씨-트	금연석
aisle	아일	복도, 통로
carry on	캐리 온	기내수하물
baggage claim	배기쥐 클레임	수하물 찾는 곳
meal	미일	기내식

출입국 신고서 용어

disembarkation card	디스엠발캔이션 카-드	입국 신고서
destination	데스티네이션	목적지
embarkation card	엠바케이션 카-드	출국 신고서
customs declaration	커스텀즈 디클레이션	세관신고
family/last name	패밀리/라스트 네임	성
given/first name	기븐/펄스트 네임	이름
nationality	내셔널리티	국적
occupation	어큐페이션	직업
male	메일	남성
female	피-메일	여성
age	에이지	나이
date of birth	데이트 오브 버얼스	생년월일

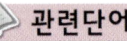 관련단어

flight No.	플라이트 넘버	항공기 번호
Port of departure	포트 오브 디파-춰	출발지
Purpose of visit	퍼-포즈 오브 비지트	여행 목적
Intended length of stay	인텐디드 렝스 오브 스테이	예정 체류 기간

환전

traveler's check	트레블러즈 첵	여행자수표
currency	커-런씨	통화
bill	빌	지폐
coin	코인	동전
penny	페니	1센트 동전
nickel	니켈	5센트 동전
dime	다임	10센트 동전
quarter	쿼-터	25센트 동전
small change	스몰 체인지	잔돈
exchange rate	익스체인지 레이트	환율
endorse	인도오스	이서하다
signature	씨그니츄어	서명

Unit 3

호텔

Chapter 1 예약할 때
Chapter 2 호텔 서비스를 이용할 때
Chapter 3 체크아웃할 때
Chapter 4 기타 표현

English

Chapter 1 예약할 때

주요표현

A : I'd like to check in, please.
아이드 라이크 투 체크 인 플리-즈
체크인을 하고 싶습니다.

B : Do you have a reservation?
두 유 해브 어 레줘베이션
예약 하셨습니까?

호텔 도착 후 "front desk(프런트 데스크)"에서 양식에 기본사항을 기입하고 "key"를 받은 뒤 방으로 가는 것을 "check in"이라고 합니다.
호텔에 묵을 때는 미리 예약하는 것이 좋습니다. 도착 공항에서도 예약이 가능하지만 여행 시기에 따라 변수가 생길 수도 있으니 출국 전에 미리 예약을 하는 것이 시간도 절약되고 안전한 방법입니다.

다음 주 토요일에 방 하나 예약하고 싶습니다.

I'd like to reserve a room for next Saturday.

아이드 라이크 투 리저브 어 루움 포 넥스트 쎄러데이

다음 주 일요일로 예약하고 싶습니다.

I'd like to make a reservation for next Sunday.

아이드 라이크 투 메이크 어 레줘베이션 포 넥스트 썬데이

얼마나 묵으실 예정입니까?

How long are you staying?

하우 로옹 아 유 스테잉

이틀 묵을 예정입니다.

I'm staying for two nights.

아임 스테잉 포 투- 나이츠

Unit. 3 호텔

어떤 방을 원하세요?
What kind of room would you like?
왓 카인드 오브 루움 우쥬- 라이크

1인실로 해 주세요.
I'd like a single room.
아이드 라이크 어 싱글 루움

더블룸을 부탁합니다.
I'd like a double room, please
아이드 라이크 어 더블 루움 플리-즈

객실 있습니까?
Do you have any rooms available?
두 유 해브 애니 루움스 어베이러블

3일 예약했습니다.
I have a reservation for three nights.
아이 해브 어 레줘베이션 포 쓰리- 나잇츠

김준이란 이름으로 예약했습니다.
It's under Jun Kim.
잇츠 언더 준 김

하루 숙박료는 얼마입니까?
What's the room rate per night?
왓츠 더 루움 레이트 퍼 나이트

141

Chapter 2 호텔 서비스를 이용할 때

> **A : Is room service available?**
> 이즈 루움 써비스 어베이러블
> 룸서비스가 가능한가요?
>
> **B : Sure, What can I do for you?**
> 슈어 왓 캔 아이 두 포 유
> 네, 무엇을 도와 드릴까요?

1072호실입니다. 아침을 주문하고 싶습니다.
This is room 1072.
I'd like to order breakfast, please.
디스 이즈 루움 텐세븐티투 아이드 라이크 투 오-더 브렉퍼스트 플리-즈

피자 3인분을 보내 주세요.
Please send up a pizza for three.
플리-즈 쎈드 업 어 핏자 포 쓰리-

제 귀중품을 맡기고 싶습니다.
I'd like to deposit my valuables.
아이드 라이크 투 디파짓 마이 벨류어블즈

목욕 타월을 가져다 주시겠습니까?
Would you bring me a bath towel?
우쥬- 브링 미 어 베스 타월

화장지를 가져다 주시겠습니까?
Can I get some toilet paper?
캔 아이 겟 썸 토일렛 페이퍼

Unit. 3 호텔

8시에 모닝콜을 해 주시겠습니까?
Would you give me a wake-up call at 8?
우쥬- 깁 미 어 웨이크 업 코올 앳 에잇

세탁할 것이 있습니다.
I have something to be cleaned.
아이 해브 썸씽 투 비 클린드

셔츠를 세탁하고 싶습니다.
I'd like to have my shirts cleaned.
아이드 라이크 투 해브 마이 셔츠 클린드

그것들을 다림질해 주세요.
I want to get them pressed.
아이 원트 투 겟 뎀 프레스드

이 옷을 다려 주시겠습니까?
Would you iron these clothes?
우쥬- 아이런 디즈 클로즈

룸서비스가 아직 안 왔습니다.
Room service hasn't come yet.
루움 서비스 해즌 컴 옛

하룻밤 더 머물고 싶습니다.
I'd like to stay one more night.
아이드 라이크 투 스테이 원 모어 나이트

143

Chapter 3   체크아웃할 때

> **주요표현**
>
> **A : *Check out, please.***
> 체크 아웃 플리-즈
> 체크아웃하겠습니다.
>
> **B : *Room number, please.***
> 루움 넘버 플리-즈
> 객실 번호를 말씀해 주세요.

체크아웃하고 싶습니다.
I'd like to check out.
아이드 라이크 투 체크 아웃

내일 아침 체크아웃하겠습니다.
I'd like to check out tomorrow morning.
아이드 라이크 투 체크 아웃 투머-로우 모-닝

2023호로 운반인을 보내 주세요.
Porter for room 2023, please?
포터 포 루움 트웬티트웬티쓰리- 플리-즈

숙박 요금이 얼마입니까?
How much is the room charge?
하우 머취 이즈 더 루움 차-쥐

신용카드로 지불해도 될까요?
Can I pay by credit card?
캔 아이 페이 바이 크레딧 카-드

Unit. 3 호텔

봉사료가 포함된 가격인가요?
Does the price include the service charge?
더즈 더 프라이스 인클루드 더 서비스 차지

저는 머무르는 동안 냉장고에서 아무 것도 마시지 않았습니다.
I did not drink anything from the mini bar during my stay.
아이 디드 낫 드링크 애니씽 프럼 더 미니 바 듀링 마임 스테이

이 청구서에 있는 각 물품들을 설명해 주시겠어요?
Can you tell me each item on this invoice?
캔 유 텔 미 이치 아이템 온 디스 인보이스

짐을 잠시만 맡아 주세요.
Hold the baggage for a while, please.
홀드 더 배기쥐 포 어 와일 플리-즈

택시를 불러 주세요.
Please call a taxi for me.
플리-즈 코올 어 택시 포 미

공항으로 가는 버스가 있습니까?
Is there a bus to the airport?
이즈 데어 어 버스 투 디 에어포트

어기서 얼마나 걸리나요?
How long time does it take from here?
하우 로옹 타임 더즈 잇 테이크 프럼 히어

145

Chapter 4   기타 표현

> **주요표현**
>
> A : ***The air-conditioner doesn't work.***
> 디 에어 컨디셔너 더즌 워-크
> 에어컨이 고장입니다.
>
> B : ***I will check it soon.***
> 아 윌 체크 잇 쑤운
> 바로 확인하겠습니다.

아이들을 위한 편의시설이 있습니까?
Do you have any entertainment facilities for children?
두 유 해브 애니 엔터테인먼트 퍼실러티즈 포 칠드런

이 호텔에는 어떤 종류의 투숙객 편의시설이 있나요?
What types of guest facilities does your hotel have?
왓 타입스 오브 게스트 퍼실러티즈 더즈 유어 호텔 해브

수영장은 어디 있습니까?
Where is the swimming pool?
웨얼 이즈 더 스위밍 풀

비즈니스 센터를 이용하고 싶습니다.
I will require access to your Business Center.
아 윌 리콰이어 액세스 투 유어 비즈니스 센터

Unit. 3 호텔

텔레비전이 작동되지 않습니다.
The TV is out of order.
더 티비 이즈 아웃 오브 오-더

변기 물이 내려가지 않습니다.
The toilet doesn't flush.
더 토일렛 더즌 플러쉬

문을 잠그고 나왔습니다.
I'm locked out of the room.
아임 락드 아웃 오브 더 루움

욕실 배관이 고장났습니다.
The bathroom drain doesn't work.
더 베쓰루움 드레인 더즌 워-크

저에게 메모 남겨진 것 있습니까?
Any messages for me?
애니 메세지스 포 미

메시지를 26번 방으로 부탁합니다.
A message for room 26, please.
어 메세지 포 루움 트웬티식스 플리-즈

이것을 우편으로 보내 주십시오.
Mail this, please.
메일 디스 플리-즈

관련단어

hostel	호스텔	호스텔
	(다인용 객실과 공동샤워실이 있는 숙소)	
guest house / B&B	게스트하우스/비앤비	게스트하우스/비앤비
	(가정집에서 잠자리와 조식을 제공해 주는 숙소)	
reservation	레줘베이션	예약
confirm	컴퍼엄	확인
single room	싱글 루움	싱글룸(침대 하나)
twin room	트윈 루움	트윈룸(1인용 침대 2개)
double room	더블 루움	더블 룸(2인용 침대)
suite room	스위트 루움	스위트 룸(응접실 포함)
smoking room	스모킹 루움	흡연실
non-smoking room	난 스모킹 루움	금연실
fitness center	핏트니스 센터	헬스클럽
business center	비즈니스 센터	비즈니스 센터
gift shop	기프트 샵	선물가게
dining hall	다이닝 홀	식당
room rate	루움 레이트	객실료
facilities	퍼실러티즈	편의시설
bellman	벨맨	호텔직원(짐 운반, 보관)
service charge	써비스 차지	서비스 요금

Unit. 3 호텔

include the tax	인클루드 더 텍스	세금 포함
morning call	모-닝 코올	모닝콜 서비스
Do not disturb.	두 낫 디스터브	방해하지 마세요.
Make up, please.	메이크 업 플리-즈	청소해 주세요.
Clean, please.	클린 플리-즈	청소해 주세요.

호텔 객실에는 보통 "alarm clock(알람시계)"이 있지만 중요한 일이나 이른 시간에 체크아웃을 하고 떠나야 할 때는 "room service"를 통해 "morning call"를 부탁하면 됩니다.
객실 청소를 원하지 않거나 쉬고 싶을 때는 객실 출입문 문고리에 "Do not disturb.(방해하지 마세요.)" 라는 팻말을 달고, 청소를 원한다면 "Make up, please." 혹은 "Clean, please."라는 팻말을 걸어 둡니다. 요즘은 객실 입구에 본인이 원하는 서비스를 눌러 표시해 두는 전자식 안내를 설치한 호텔들도 많이 있습니다.

Coffee Break

"John, if you had seven dollars and you asked your granny for five dollars, What would you have?"

"Seven dollars, sir."

"Well, you don't know your arithmetic."

"And you don't know my granny."

"존, 만약에 네가 7달러를 가지고 있고 또 너의 할머니에게 5달러를 달라고 한다면, 너는 모두 몇 달러를 가지고 있는 거지?"

"7달러입니다, 선생님."

"음, 너는 산수를 잘 모르는 것 같구나."

"선생님은 우리 할머니를 잘 모르시는군요."

Unit 4

대중교통과 렌터카 이용하기

- **Chapter 1** 길 묻기
- **Chapter 2** 전철을 이용할 때
- **Chapter 3** 시내버스를 이용할 때
- **Chapter 4** 기차를 이용할 때
- **Chapter 5** 택시를 이용할 때
- **Chapter 6** 렌터카를 이용할 때
- **Chapter 7** 차를 운전할 때
- **Chapter 8** 주차장과 주유소에서
- **Chapter 9** 고장·교통위반

English

Chapter 1 길 묻기

주요표현

A : Is there a bank near here?
이즈 데어 어 뱅크 니어 히어
이 근방에 은행이 있나요?

B : Just walk to the corner and turn right.
저스트 웍 투 더 코너 앤 터언 라이트
모퉁이에서 오른쪽으로 가세요.

이 근처에 은행이 있습니까?
Do you know if there's a bank around here?
두 유 노우 이프 데어즈 어 뱅크 어라운드 히어

시청은 어떻게 가나요?
How can I get to city hall?
하우 캔 아이 겟 투 시티 홀

실례합니다, 우체국이 어디 있나요?
Excuse me, where is the post office?
익스큐즈 미 웨얼 이즈 더 포우스트 오-피스

A 호텔로 가는 길을 알려 주시겠습니까?
Could you tell me how to get to the A hotel?
쿠쥬- 텔 미 하우 투 겟 투 디 에이 호텔

여기서 얼마나 먼가요?
How far is it from here?
하우 파 이즈 잇 프럼 히어

Unit. 4 대중교통과 렌터카 이용하기

빅토리아 역 가는 길을 알려 주시겠습니까?
Would you show me the way to the Victoria station?
우쥬- 쇼우 미 더 웨이 투 더 빅토리아 스테이션

다음 블록에 하나 있습니다.
There's one on the next block.
데어즈 원 온 더 넥스트 블록

곧장 두 블록을 가세요.
Just go straight ahead for two blocks.
저스트 고우 스트레잇 어헤드 포 투- 블럭스

교차로에서 오른쪽으로 가세요.
Turn right at the intersection.
터언 라이트 엣 디 인터섹션

오른쪽에 있습니다.
It's on the right.
잇츠 온 더 라이트

길을 건너 왼쪽으로 도세요.
Cross the street and turn left.
크로스 더 스트릿 앤 터언 레프트

2호선 지하철을 타야 합니다.
You should take the number two subway.
유 슈드 테이크 더 넘버 투- 서브웨이

Chapter 2   전철을 이용할 때

주요표현

A: ***Where is the subway station?***
웨얼 이즈 더 서브웨이 스테이션
지하철역이 어디에 있습니까?

B: ***The subway station is over there.***
더 서브웨이 스테이션 이즈 오버데얼
지하철역은 저쪽에 있습니다.

전철, 지하철은 지역에 따라 "metro"라고 말하기도 합니다. 전철역에서 먼저 "Can I have a subway map?"이라 물어 보고 지도를 챙기세요. 전철 지도와 일정 기간 내에 무제한 사용이 가능한 정기권 패스를 준비하셨다면 안정적이고 경제적인 일정이 되지 않을까 합니다.

어디서 표를 살 수 있습니까?
Where can I get a ticket?
웨얼 캔 아이 겟 어 티켓

자동매표기는 어디에 있습니까?
Where is the ticket machine?
웨얼 이즈 더 티켓 머신

몇 호선이 시청으로 갑니까?
Which line goes to City Hall?
위치 라인 고우즈 투 시티 홀

우리가 어디에 있죠?
Where are we now?
웨얼 아 위 나우

Unit. 4 대중교통과 렌터카 이용하기

다음은 무슨 역입니까?
What's the next station?
왓츠 더 넥스트 스테이션

옥스포드스트리트로 나가는 출구가 어디입니까?
Where is the exit for Oxford Street?
웨얼 이즈 디 엑지트 포 오스포드 스트릿

처어치스트리트로 가려면 어디서 갈아타야 합니까?
Where do I have to transfer for Church Street?
웨얼 두 아이 해브 투 트랜스퍼 포 처어치 스트릿

센트럴파크로 가려면 몇 호선을 타야 하나요?
Which line should I take to go to Central Park?
위치 라인 슈드 아이 테이크 투 고우 투 쎈트럴 파크

2호선을 타세요.
Take number two line.
테이크 넘버 투- 라인

입구가 어디에 있나요?
Where is entrance?
웨얼 이즈 엔트런스

센트럴 역을 가려면 어느 역에서 내려야 하나요?
Which station do I get off at to go to Central station?
위치 스테이션 두 아이 겟 오프 엣 투 고우 투 쎈트럴 스테이션

155

Chapter 3   시내버스를 이용할 때

> **주요표현**
>
> **A : *Where is the bus stop?***
> 웨얼 이즈 더 버스 스탑
> 버스정거장이 어디 있습니까?
>
> **B : *Sorry, but I'm new around here.***
> 쏘리 벗 아임 뉴- 어라운드 히어
> 미안하지만 여기가 처음이라 잘 모르겠습니다.

다양한 교통수단을 어떻게 이용할까요? 위의 표현은 버스정거장을 묻는 표현입니다. 좀더 정중하게 물어 보고 싶다면 이런 표현도 괜찮습니다.
"Would you tell me the way to a bus stop?"

여기가 버스 기다리는 줄인가요?
Is this the line for the bus?
이즈 디스 더 라인 포 더 버스

요금은 얼마입니까?
What's the fare?
왓츠 더 페어

어느 버스가 시내로 갑니까?
Which bus goes to downtown?
위치 버스 고우즈 투 다운 타운

테이트미술관행입니까?
To the Tate gallery?
투 더 테이트 갤러리

Unit. 4 대중교통과 렌터카 이용하기

차이나타운에 가려면 어디서 내려야 합니까?

Where do I get off for the China town?

웨얼 두 아이 겟 오프 포 더 차이나 타운

이 버스가 자연사박물관에 갑니까?

Does this bus go to the Natural History museum?

더즈 디스 버스 고우 투 더 내츄럴 히스토리 뮤지-엄

도착하면 알려 주세요.

Tell me when you arrive there, please.

텔 미 웬 유 어라이브 데얼 플리-즈

몇 번 버스를 타야 합니까?

Which number do I have to take?

위치 넘버 두 아이 해브 투 테이크

그 버스는 얼마나 자주 다닙니까?

How often does that bus run?

하우 오-픈 더즈 댓 버스 런

이 버스가 퀸스트리트에 섭니까?

Does this bus stop at Queen St.?

더즈 디스 버스 스탑 엣 쿠윈 스트릿

우체국까지 몇 정거장을 가야 하나요?

How many stops away is the post office?

하우 매니 스탑스 어웨이 이즈 더 포우스트 오-피스

157

Chapter 4   기차를 이용할 때

> **주요표현**
>
> **A : *A ticket to LA, please.***
> 어 티켓 투 엘에이 플리-즈
> LA행 티켓 한 장 주세요.
>
> **B : *One way or a round trip ticket?***
> 원 웨이 오어 어 라운드 트립 티켓
> 편도입니까 아니면 왕복입니까?

편도 티켓으로 주세요.
One way ticket, please.
원 웨이 티켓 플리-즈

왕복 티켓으로 주세요.
I'd like a round trip ticket, please.
아이드 라이크 어 라운드 트립 티켓 플리-즈

일등석입니까 아니면 이등석입니까?
First or second class?
펄스트 오어 쎄컨드 클래스

뉴욕행 열차가 오고 있습니까?
Is the train for New York coming soon?
이즈 더 트레인 포 뉴욕 커밍 쑨운

샌프란시스코로 가는 표 한 장 주세요.
A ticket to San Francisco, please.
어 티켓 투 샌프란시스코 플리-즈

Unit. 4 대중교통과 렌터카 이용하기

이 표를 취소할 수 있습니까?
May I cancel this ticket?
메이 아이 캔슬 디스 티켓

보스턴행 열차가 어느 플랫폼에서 출발합니까?
Which platform does the train for Boston leave from?
위치 플랫포옴 더즈 더 트레인 포 바-스턴 리-브 프럼

이 열차가 시카고행 맞습니까?
Is this for Chicago?
이즈 디스 포 시카고

휴스턴까지 얼마나 걸리나요?
How many hours to Houston?
하우 매니 아워즈 투 휴스턴

열차를 놓쳤습니다.
I missed my train.
아이 미스드 마이 트레인

다음 열차 출발은 언제입니까?
When does the next train depart?
웬 더즈 더 넥스트 트레인 디파-트

다음 열차는 몇 시에 있습니까?
What time does the next train leave?
왓 타임 더즈 더 넥스트 트레인 리-브

Chapter 5 택시를 이용할 때

주요표현

A : *Where to, Sir?*
웨얼 투 써
어디로 가십니까 손님?

B : *Korean Embassy, please.*
코리안 앰버시 플리-즈
한국대사관으로 가 주세요.

해외에서 가장 편한 교통수단은 역시 택시입니다. 우리가 알고 있듯이 "taxi" 또는 "cab"이라고 하기도 합니다. 가끔은 미터로 요금을 계산하지 않는 경우도 있으니 택시 출발 전에 다음과 같이 확인하는 것이 좋겠습니다. "I will pay on the meter.(미터 요금대로 지불하겠습니다.)"

택시 승차장이 어디인가요?
Where is the taxi stand?
웨얼 이즈 더 택시 스텐드

어디서 택시를 탈 수 있나요?
Where can I catch a cab?
웨얼 캔 아이 캐취 어 캡

택시를 불러 주시겠습니까?
Would you call a taxi for me, please?
우쥬- 코올 어 택시 포 미 플리-즈

택시를 타자.
Let's catch a cab.
렛츠 캐취 어 캡

Unit. 4 대중교통과 렌터카 이용하기

택시로 얼마나 걸리나요?
How long does it take by taxi?
하우 로옹 더즈 잇 테이크 바이 택시

심야요금이 적용됩니까?
Are your rates more expensive at night?
아 유어 레잇츠 모어 익스펜시브 앳 나잇

이 주소로 가 주세요.
To this address, please.
투 디스 어드레스 플리-즈

이 주소로 데려다 주세요.
Can you take me to this address?
캔 유 테이크 미 투 디스 어드레스

트렁크를 열어 주시겠어요?
Could you open the trunk?
쿠쥬- 오우픈 더 트렁크

여기서 세워 주세요.   / 여기서 내리겠습니다.
Stop here, please. / I'll get off here.
스탑 히어 플리-즈   아일 겟 오프 히어

감사합니다. 잔돈은 가지세요.
Thank you. Keep the change.
쌩큐   킵 더 체인지

Chapter 6 렌터카를 이용할 때

주요표현

> **A : I'd like to rent a car for one day.**
> 아이드 라이크 투 렌트 어 카- 포 원 데이
> 차를 하루 빌리고 싶습니다.
>
> **B : What kind of car do you want?**
> 왓 카인드 오브 카- 두 유 원트
> 어떤 종류의 차를 원하세요?

이 근처에 렌터카 회사가 있습니까?

Is there a car rental company near here?

이즈 데어 어 카- 렌탈 컴퍼니 니어 히어

오토매틱 차만 운전할 수 있습니다.

I can drive only an automatic.

아이 캔 드라이브 온리 언 오-토매틱

어떤 차를 가지고 계세요?

What kind of cars do you have?

왓 카인드 오브 카-즈 두 유 해브

얼마나 운전할 예정이세요?

How long will you need it?

하우 로옹 윌 유 니-드 잇

3일 빌리고 싶습니다.

I'd like to rent a car for three days.

아이드 라이크 투 렌트 어 카- 포 쓰리- 데이즈

Unit. 4 대중교통과 렌터카 이용하기

하루 요금이 얼마입니까?
What's the charge per day?
왓츠 더 차-쥐 퍼 데이

요금표를 보여 주세요.
Show me a list of your rates, please.
쇼우 미 어 리스트 오브 유어 레이츠 플리-즈

3일에 얼마입니까?
How much does it cost for three days?
하우 머취 더즈 잇 코스트 포 쓰리- 데이즈

선불이 필요한가요?
Do I need a deposit?
두 아이 니-드 어 디파짓

보증금은 얼마입니까?
How much is the deposit?
하우 머취 이즈 더 디파짓

요금에 보험이 포함되어 있나요?
Does the price include insurance?
더즈 더 프라이스 인클루-드 인슈어런스

종합보험을 들어 주세요.
With comprehensive insurance, please.
위드 컴프리헨시브 인슈어런스 플리-즈

Chapter 7   차를 운전할 때

주요표현

A : *Do you know how to drive?*
두 유 노우 하우 투 드라이브
운전할 줄 아시죠?

B : *Sure,*
here's my international driver's license.
슈어   히어즈 마이 인터내셔널 드라이벌스 라이센스
물론이죠, 여기 제 국제운전면허증 있습니다.

운전 조심하세요.
Have a safe drive.
해브 어 세이프 드라이브

도로지도를 주시겠습니까?
Can I have a road map?
캔 아이 해브 어 로드 맵

토론토는 어느 길로 가나요?
Which way to Toronto?
위치 웨이 투 토론토

직진인가요? 아니면 오른쪽입니까?
Straight? Or to the right?
스트레잇   오어 투 더 라이트

Unit. 4 대중교통과 렌터카 이용하기

자동차로 씨엔타워까지 어느 정도입니까?

How far is it to CN tower by car?
하우 파 이즈 잇 투 씨엔 타워 바이 카-

샌디에이고까지 몇 마일입니까?

How many miles to San Diego?
하우 매니 마일즈 투 샌디에이고

가장 가까운 교차로 어디입니까?

What's the nearest intersection?
왓츠 더 니얼리스트 인터섹션

안전벨트를 하세요.

Please fasten your seat belt.
플리-즈 패슨 유어 시-트 벨트

속도를 줄이세요.

Slow down.
슬로우 다운

속도를 내 주시겠어요?

Can you speed up?
캔 유 스피-드 업

우측 차선으로 가 주세요.

Get over in the right lane.
겟 오버 인 더 라이트 레인

165

❷ Unit. 4 대중교통과 렌터카 이용하기

조심하세요.
Watch out!
왓치 아웃

길을 잃은 것 같아요.
I seem to be lost.
아이 씨-임 투 비 로스트

사람들에게 물어 보자.
Let's ask someone.
렛츠 애스크 썸원

Chapter 8 주차장과 주유소에서

주요표현

A : ***Can I park here?***
캔 아이 파크 히어
여기에 주차할 수 있나요?

B : ***The parking lot is full.***
더 파킹 랏 이즈 풀
주차장이 꽉 찼어요.

어디에 주차할 수 있나요?
Where can I park?
웨얼 캔 아이 파크

주차할 곳을 못 찾겠어요.
I can't find a place to park.
아이 캔 파인드 어 플레이스 투 파크

여기에 주차할 수 있나요? 잠깐이면 됩니다.
Can I park here? It's just be a minute.
캔 아이 파크 히어   잇츠 저스트 비 어 미닛

시간당 주차료가 얼마예요?
How much is it per hour?
하우 머취 이즈 잇 퍼 아워

차를 뒤로 좀 빼 주세요.
Would you mind backing up, please?
우쥬- 마인드 백킹 업 플리-즈

당신 차를 어디에 주차하셨나요?
Where did you park your car?
웨얼 디 쥬 파크 유어 카-

제 차를 어디에 주차했는지 기억이 안 나요.
I don't remember where I parked my car.
아이 돈 리멤버 웨얼 아이 파크트 마이 카-

기름이 충분합니까?
Do you have enough gas?
두 유 해브 이너프 개스

이 근방에 주유소가 있습니까?
Is there a gas station near here?
이즈 데어 어 개스 스테이션 니얼 히어

가득 채워 주세요.
Fill it up, please.
필 잇 업 플리-즈

무연으로 가득 넣어 주세요.
Fill it up with unleaded, please.
필 잇 업 위드 언레디드 플리-즈

고급 휘발유로 가득 채워 주세요.
Fill her up with premium, please.
필 허 업 위드 프리미엄 플리-즈

Unit. 4 대중교통과 렌터카 이용하기

10달러어치 넣어 주세요.
Fill her up to 10 dollars, please.
필 허 업 투 텐 달러즈 플리-즈

세차를 해 주시겠습니까?
Would you give the car a wash?
우쥬- 기브 더 카- 어 워쉬

세차 좀 해 주세요.
Wash it down, please.
워쉬 잇 다운 플리-즈

Chapter 9   고장 · 교통위반

주요표현

A : Hello, Can I help you?
헬로 캔 아이 헬프 유
안녕하세요, 무엇을 도와 드릴까요?

B : My car won't start.
마이 카- 원트 스타트
시동이 안 걸려요.

바퀴가 펑크났습니다.
I have a flat tire.
아이 해브 어 플랫 타이어

액셀러레이터가 고장났습니다.
My accelerator stuck.
마이 액셀러레이터 스탁

오일이 샙니다.
The oil is leaking.
디 오일 이즈 리-킹

차에서 이상한 소리가 납니다.
My car's making strange noises.
마이 카-즈 메이킹 스트레인지 노이지스

지금 고쳐줄 수 있습니까?
Can you fix it right now?
캔 유 픽스 잇 라잇 나우

Unit. 4 대중교통과 렌터카 이용하기

제 차를 점검해 주시겠습니까?
Could you give my car a check up?
쿠쥬- 기브 마이 카- 어 체크 업

엔진오일을 좀 봐 주세요.
Check the oil, please.
체크 디 오일 플리-즈

타이어 공기압을 체크해 주시겠습니까?
Can you check my tire pressure?
캔 유 체크 마이 타이어 프레셔

견인차를 보내 주세요.
Please send a tow car here.
플리-즈 샌드 어 토우 카- 히어

기름이 바닥났습니다.
I've run out of gas.
아이브 런 아웃 오브 개스

차에서 내리세요.
Step out of the car, please.
스텝 아웃 오브 더 카- 플리-즈

여기 음주 측정기를 불어 주세요.
Please blow into this breath analyzer here.
플리-즈 블로우 인투 디스 브레스 애널라이절 히어

운전면허증을 볼 수 있을까요?

Can I see your driver's license?

캔 아이 씨- 유어 드라이벌스 라이센스

당신은 정지 신호에서 멈추지 않았습니다.

You didn't stop for that stop sign.

유 다든 스탑 포 댓 스탑 싸인

출근하다가 교통위반 딱지를 뗐습니다.

I got a ticket on my way to work.

아이 갓 어 티켓 온 마이 웨이 투 워-크

 **관련단어**

subway station	서브웨이 스테이션	지하철역
bus stop	버스 스탑	버스정거장
taxi stand	택시 스탠드	택시정거장
train station	트레인 스테이션	기차역
gas station	개스 스테이션	주유소
cab	캡	택시
city bus	씨티 버스	시내버스
long distance bus	롱 디스턴스 버스	장거리버스
double decker	더블 데커	2층버스
entrance	엔트런스	입구
exit	엑지트	출구
ticket office	티켓 오-피스	매표소
gateman	게이트맨	역무원
metro	메트로	지하철
subway map	서브웨이 맵	지하철 노선도
dining car	다이닝 카-	식당차
sleeping car	슬리-핑 카-	침대차
waiting room	웨이팅 루움	대합실
local train	로컬 트레인	보통열차

 **관련단어**

express train	익스프레스 트레인	급행열차
compact car	컴팩트 카-	소형차
stick shift	스틱 쉬프트	수동 변속기
automatic car	오-토매틱 카-	자동기어 차
international driver's license	인터내셔널 드라이벌스 라이센스	국제 운전면허증
driver's license	드라이벌스 라이센스	운전면허증
parking lot	파킹 랏	주차장
no parking	노 파킹	주차금지
one-way street	원웨이 스트리-트	일방통행
seat belt	씨잇 벨트	안전벨트
insurance	인슈어런스	보험
gasoline	개솔린	휘발유
expressway	익스프레스웨이	고속도로
highway	하이웨이	간선도로
toll road	톨 로드	유료 도로
road map	로드 맵	도로 지도
repair shop	리페어 샵	정비소
street light	스트리-트 라잇	가로등

Unit. 4 대중교통과 렌트카 이용하기

alley	앨리	골목
billboard	빌보-드	길거리 간판
crosswalk	크로쓰워크	횡단보도
bridge	브릿쥐	다리
utility pole	유-틸러리 포올	전봇대
stoplight	스탑 라잇	신호등
intersection	인터섹션	교차로
stop sign	스탑 싸인	정지표시
straight	스트레잇	직진의
block	블록	구역, 구획
turn	터언	돌다
left	레프트	왼쪽의
right	라이트	오른쪽의
east	이-스트	동쪽
west	웨스트	서쪽
south	사우쓰	남쪽
north	노쓰	북쪽
corner	코너	모퉁이
near	니어	…가까이에, …근처에

Coffee Break

When an old lady saw that a 10-year-old was at the counter in the bakery shop she smiled and said,
: "Don't you find yourself mighty tempted to eat one of those good cupcakes?"
: "Yes, I do, ma'am. But that would be stealing, so I just lick'em now and then." replied the girl.

어떤 할머니가 제과점 카운터에서 10살 먹은 소녀가 일하는 것을 보고 미소를 지으며 말했다.
"저 맛있는 컵케이크 하나쯤 먹고 싶은 생각이 간절하지 않니?"
소녀가 대답했다.
"예, 먹고 싶어요. 하지만 먹으면 도둑질이 되니까 이따금씩 핥기만 해요."

Unit 5

식당에서

Chapter 1 예약할 때
Chapter 2 식당 입구에서
Chapter 3 주문할 때
Chapter 4 식사하면서
Chapter 5 문제가 있을 때
Chapter 6 계산할 때
Chapter 7 기타 표현
Chapter 8 술집에서
Chapter 9 카페에서

English

Chapter 1 예약할 때

주요표현

A : I'd like to make a reservation at five this evening.
아이드 라이크 투 메이크 어 레줘베이션 엣 파이브 디스 이-브닝
오늘 저녁 5시에 예약을 하고 싶습니다.

B : How many are there in your party?
하우 매니 아 데어 인 유어 파-티
몇 분이십니까?

격식이 있는 레스토랑에서는 예약을 해야 하는 경우가 있습니다. 빈 자리가 있어도 예약 없이는 입장이 불가능한 경우도 있습니다. 정장을 입어야 하는 "dress code"를 요구하는 곳도 많이 있으니 미리 확인해 보는 것이 좋습니다.

10일 일요일에 예약을 할 수 있을까요?

Can I make a reservation for Sunday the 10th?
캔 아이 메이크 어 레줘베이션 포 썬데이 더 텐스

손님은 몇 분이십니까?

How large is your party?
하우 라지 이즈 유어 파-티

몇 시가 괜찮습니까?

What times are available?
왓 타임즈 아 어베일러블

6시 30분에 두 명 자리를 원합니다.

I'd like a table for two at six thirty.
아이드 라이크 어 테이블 포 투- 앳 식스 써리

Unit. 5 식당에서

창가 옆 자리가 있습니까?
Do you have seats by the window?
두 유 해브 씨츠 바이 더 윈도우

다 함께 앉을 수 있는 자리로 주세요.
We'd like a have a table together.
위드 라이크 어 해브 어 테이블 투게더

정장을 입어야 하나요?
Should I wear a suit and tie?
슈드 아이 웨어 어 슈트 앤 타이

예약을 바꾸고 싶습니다.
I want to change my reservation.
아이 원 투 체인지 마이 레줘베이션

예약을 취소해 주세요.
Cancel this reservation, please.
캔슬 디스 레줘베이션 플리-즈

흡연석이 있습니까?
Do you have a smoking section?
두 유 해브 어 스모킹 섹션

금연석으로 부탁합니다.
I'd like a non-smoking table.
아이드 라이크 어 난 스모킹 테이블

179

Chapter 2 식당 입구에서

주요표현

A : *How many of you?*
하우 매니 오브 유
몇 분이십니까?

B : *Two, please.*
투- 플리-즈
두 명입니다.

예약을 했습니다.
I have a reservation.
아이 해브 어 레줘베이션

예약하셨습니까?
Did you make a reservation?
디 쥬 메이크 어 레줘베이션

예약을 하지 못했습니다.
I don't have a reservation.
아이 돈트 해브 어 레줘베이션

네, 어제 예약했습니다.
Yes, I did yesterday.
예스 아이 디드 예스터데이

성함을 말씀해 주세요.
Can I have your name, please.
캔 아이 해브 유어 네임 플리-즈

Unit. 5 식당에서

저를 따라오세요.
Please follow me.
플리-즈 팔로우 미

5명 자리가 있습니까?
Do you have a table for five?
두 유 해브 어 테이블 포 파이브

자리가 없습니다.
No tables are available now.
노 테이블스 아 어베일러블 나우

기다려야 하나요?
May I wait for a table?
메이 아이 웨잇 포 어 테이블

얼마나 기다려야 합니까?
About how long will I have to wait?
어바웃 하우 로옹 윌 아이 해브 투 웨잇

이 자리는 예약되었습니까?
Is this seat taken?
이즈 디스 시-트 테이큰

합석해도 괜찮은가요?
Do you mind if I join you?
두 유 마인드 이프 아이 조인 유

Chapter 3 주문할 때

주요표현

> A : *May I take your order, please?*
> 메이 아이 테이크 유어 오-더 플리-즈
> 주문하시겠습니까?
>
> B : *I will take this.*
> 아이 윌 테이크 디스
> 이걸로 하겠습니다.

주문하시겠습니까?
Are you ready to order?
아 유 레디 투 오-더

메뉴 좀 볼 수 있나요?
Can I see the menu, please?
캔 아이 씨- 더 메뉴- 플리-즈

주문하고 싶습니다.
We are ready to order.
위 아 레디 투 오-더

주문 받으시겠어요?
Will you take my order, please?
윌 유 테이크 마이 오-더 플리-즈

로스트 비프를 먹겠습니다.
I'll have the roast beef.
아일 해브 더 로스트 비-프

Unit. 5 식당에서

같은 것으로 주세요.
I'll have the same.
아일 해브 더 쎄임

오늘의 특별 요리가 뭡니까?
What's today's special menu?
왓츠 투데이스 스페셜 메뉴-

나중에 주문을 할게요.
Can you take my order later?
캔 유 테이크 마이 오-더 레이터

조금 후에 주문할게요.
I'll order more later.
아일 오-더 모어 레이터

아직 결정하지 않았습니다.
I'm not ready yet.
아임 낫 레디 옛

다른 주문은 없습니까?
Would you like anything else?
우쥬- 라이크 애니씽 엘스

다른 것으로 바꿔 주세요.
Please change this for a new one.
플리-즈 체인지 디스 포 어 뉴- 원

Chapter 4 식사하면서

> **A : *Would you care for some more soup?***
> 우쥬- 캐어 포 썸 모어 숩
> 수프를 더 드시겠습니까?
>
> **B : *I've had enough.***
> 아이브 해드 이너프
> 충분히 배가 부릅니다.

많이 드세요.
Help yourself, please.
헬프 유어셀프 플리-즈

이걸 먹는 법을 가르쳐 주시겠습니까?
Could you tell me how to eat this?
쿠쥬- 텔 미 하우 투 잇 디스

이 고기는 무엇입니까?
What kind of meat is this?
왓 카인드 오브 미-트 이즈 디스

이건 어떻게 먹으면 되나요?
How do I eat this?
하우 두 아이 잇 디스

이것은 무슨 재료를 사용한 겁니까?
What are the ingredients for this?
왓 아 디 인그리-디언츠 포 디스

Unit. 5 식당에서

맛이 어떻습니까?
How does it taste?
하우 더즈 잇 테이스트

맛있습니다.
It is delicious.
잇 이즈 딜리셔스

맛이 형편없습니다.
This is terrible.
디스 이즈 테러블

음식이 답니다.
It's sweet.
잇츠 스위트

음식이 십니다. / 음식이 씁니다.
It's sour.   / It's bitter.
잇츠 싸워   잇츠 비터

이것은 너무 짭니다.
This is too salty.
디스 이즈 투- 솔티

이건 굉장히 매워요!
This is very hot!
디스 이즈 베리 핫

Chapter 5 문제가 있을 때

> **A : This is not what I ordered.**
> 디스 이즈 낫 왓 아이 오-더드
> 이것은 제가 주문한 것이 아닙니다.
>
> **B : I'm really sorry. I will check your order.**
> 아임 리얼리 쏘리   아 윌 체크 유어 오-더
> 정말로 죄송합니다. 주문을 확인하겠습니다.

음식이 아직 안 나왔습니다.
My order hasn't come yet.
마이 오-더 헤즌 컴 옛

주문 음식이 아직 안 왔습니다.
I didn't get my order yet.
아이 디든 겟 마이 오-더 옛

서비스가 늦군요.
The service is slow.
더 써비스 이즈 슬로우

시간이 많이 걸리나요?
Will it take much longer?
윌 잇 테이크 머취 롱거

주문을 취소하고 싶습니다.
I want to cancel my order.
아이 원 투 캔슬 마이 오-더

Unit. 5 식당에서

수프에 뭔가 들어 있습니다.
There's something in the soup.
데얼즈 썸씽 인 더 숩

너무 덜 익었습니다.
This is too rare.
디스 이즈 투- 레어

좀 더 익혀 주세요.
Cook this a little more, please.
쿡 디스 어 리틀 모어 플리-즈

컵이 깨끗하지 않습니다.
The cup isn't clean.
더 컵 이즌 클린

다른 컵으로 가져다 주시겠어요?
Can I have another one, please?
캔 아이 해브 어나더 원 플리-즈

미안하지만 이 음식이 상한 것 같습니다.
I'm sorry but this food is stale.
아임 쏘리 벗 디스 푸-드 이즈 스테일

이 우유는 상했습니다.
This milk has gone bad.
디스 밀크 해즈 곤 배드

Chapter 6   계산할 때

주요표현

A : *Check, please.*
체크 플리-즈
계산서 부탁합니다.

B : *Here you are.*
히어 유 아
여기 있습니다.

계산서 주시겠습니까?
Can I have the check, please?
캔 아이 해브 더 체크 플리-즈

어디서 계산합니까?
Where do I pay?
웨얼 두 아이 페이

카운터에서 계산하세요.
You can pay at the counter.
유 캔 페이 앳 더 카운터

계산서를 따로따로 주세요.
Please make out separate checks.
플리-즈 메이크 아웃 세퍼레잇 첵스

각자 냅시다.
Let's go Dutch.
렛츠 고우 더취

Unit. 5 식당에서

계산서를 따로 해 주세요.
Separate checks, please.
세퍼레잇 첵스 플리-즈

이번에는 제가 사겠습니다.
Let me treat you this time.
렛 미 트릿 유 디스 타임

제가 낼게요.
It's on me.
잇츠 온 미

계산서가 잘못된 것 같습니다.
There's a mistake in the bill.
데얼즈 어 미스테익 인 더 빌

이건 주문하지 않았습니다.
I didn't order this.
아이 디든 오-더 디스

세금이 포함된 계산서입니까?
Does this bill include tax?
더즈 디스 빌 인클루드 텍스

봉사료는 포함되어 있나요?
Isn't it including the service charge?
이즌트 잇 인클루딩 더 써비스 차지

189

Chapter 7 기타 표현

주요표현

A : *How would you like your steak?*
하우 우쥬- 라이크 유어 스테이크
스테이크를 어떻게 해 드릴까요?

B : *I want the steak well done.*
아이 원트 더 스테이크 웰 던
잘 익혀 주세요.

덜 익혀 주세요. / 중간 정도로 익혀 주세요.
Rare, please. / Medium, please.
레어 플리-즈 / 미-디엄 플리-즈

소금을 가져다 주시겠습니까?
Would you bring me some salt?
우쥬- 브링 미 썸 솔트

빵을 좀 더 주시겠습니까?
Can I have more bread?
캔 아이 해브 모어 브래드

물 한 잔 주세요.
I'd like a glass of water, please.
아이드 라이크 어 글래스 오브 워터 플리-즈

후추를 좀 갖다 주시겠어요?
Can I have some pepper, please?
캔 아이 해브 썸 페퍼 플리-즈

Unit. 5 식당에서

디저트를 하시겠습니까?
Would you like some dessert?
우쥬- 라이크 썸 디저-트

포크를 떨어뜨렸습니다.
I dropped my fork.
아이 드롭드 마이 포크

이 접시들을 치워 주시겠습니까?
Would you take the dishes away?
우쥬- 테이크 더 디쉬즈 어웨이

테이블을 좀 치워 주시겠어요?
Could you please clear the table?
쿠쥬- 플리-즈 클리어 더 테이블

물을 좀 더 주시겠어요?
Can I have more water?
캔 아이 해브 모어 워터

다른 것을 더 드시겠습니까?
Will you have something else?
윌 유 해브 썸씽 엘스

맛있게 드셨기를 바래요.
I hope you enjoyed your meal.
아이 홉 유 인조이드 유어 미일

Chapter 8 술집에서

A : Would you care for a drink?
우쥬- 캐어 포 어 드링크
술 한잔 하시겠어요?

B : O.K, I will buy you a drink.
오우케이 아 윌 바이 유 어 드링크
좋아요, 내가 한잔 사겠습니다.

뭘 마시겠습니까?

What do you want to drink?
왓 두 유 원트 투 드링크

와인 메뉴를 볼 수 있나요?

Can I see your wine list?
캔 아이 씨- 유어 와인 리스트

생맥주 있습니까?

Do you have a draft beer?
두 유 해브 어 드랩 비어

어떤 맥주가 있습니까?

What kind of beer do you have?
왓 카인드 오브 비어 두 유 해브

어떤 술입니까?

What kind of alcohol is it?
왓 카인드 오브 알코올 이즈 잇

Unit. 5 식당에서

이 술은 독한가요?

Is it strong?

이즈 잇 스트롱

먹을 것은 없습니까?

Do you have something to eat?

두 유 해브 썸씽 투 잇

와인과 어울리는 안주는 무엇입니까?

What food do you have to go with your wine?

왓 푸-드 두 유 해브 투 고우 위드 유어 와인

맥주 한 잔 더 하시겠습니까?

Would you like another glass of beer?

우쥬- 라이크 어나더 글래스 오브 비어

맥주 한 병 더 주세요.

Another bottle of beer for me, please.

어나더 버틀 오브 비어 포 미 플리-즈

건배! / **건배합시다!**

Cheers! / Let's toast!

치얼스   렛츠 토스트

우리의 건강을 위해서!

To our health!

투 아워 헬스

Chapter 9 카페에서

주요표현

A : *Let's break for coffee.*
렛츠 브레이크 포 커-피
커피 타임을 갖지요.

B : *That's good.*
댓츠 굿
좋습니다.

패스트푸드점 등에서는 세트번호를 이용해서 주문하면 편립니다. 예를 들어 '3번 세트로 주세요.'라는 표현은 "The number three combo, please."라고 하면 됩니다. 그리고 먹고 가는지 포장인지를 물어 보는 질문 "For here or to go?"에는 원하는 답변을 하면 됩니다. 가지고 갈 때는 "To go, please" 또는 "Take out, please"라고 합니다.

잠시 쉬면서 커피 한잔 합시다.

Let's stop and have a coffee break.

렛츠 스탑 앤 해브 어 커-피 브레이크

잠깐 커피 마시면서 쉬었다 합시다.

Let's take a coffee break.

렛츠 테이크 어 커-피 브레이크

카페 아메리카노 한 잔 주세요.

Could you give me a café Americano, please?

쿠쥬- 깁 미 어 카페 아메리카노- 플리-즈

(커피는) 어떻게 해 드릴까요?

How would you like it?

하우 우쥬- 라이크 잇

Unit. 5 식당에서

아무것도 넣지 말고 주세요.
I don't want anything in it. / Nothing, please.
아이 돈 원트 애니씽 인 잇 낫씽 플리-즈

모카 라떼 두 잔 주세요.
Two Mocha Lattes, please.
투- 모카 라떼-즈 플리-즈

생크림 넣어 드릴까요?
Would you like some whip cream?
우쥬- 라이크 썸 윕 크림

네, 조금만 넣어 주세요.
Yes, but not too much.
예스 벗 낫 투- 머취

사이즈는 어떻게 해 드릴까요?
What size would you like to have?
왓 싸이즈 우쥬- 라이크 투 해브

작은 사이즈로 주세요.
Small size, please.
스몰 싸이즈 플리-즈

(커피) 더 드릴까요?
Would you like a rcfill?
우쥬- 라이크 어 리필

 관련단어

taste	테이스트	맛
sweet	스위트	단
sour	싸워	쉰
bitter	비터	쓴
spicy	스파이시	매운
salty	쏘올티	짠
tough	터프	질긴
tender	텐더	연한
medium	미-디엄	보통
medium rare	미-디엄 레어	보통보다 덜
medium well	미-디엄 웰	보통보다 더
breakfast	브렉퍼스트	아침식사
lunch	런치	점심식사
dinner	디너	저녁식사
set menu	세트 메뉴-	세트 메뉴
rice	라이스	밥
bread	브래드	빵
noodle	누들	국수, 면류
salad	샐러드	샐러드

Unit. 5 식당에서

meat	미-트	고기
beef	비-프	소고기
chicken	치킨	닭고기
pork	포-크	돼지고기
fish	피쉬	생선
grilled	그릴드	구운
fried	프라이드	튀긴
fruit	프루-트	과일
apple	애플	사과
grape	그레이프	포도
strawberry	스트로-베리	딸기
pear	페어	배
peach	피-치	복숭아
lemon	레몬	레몬
drink	드링크	음료
beer	비어	맥주
wine	와인	와인
cocktail	칵테일	칵테일

Coffee Break

Johnny : What shall we do tonight?

Thomas : Let's toss for it. If it heads, we'll go to the pictures ; if it's tails, we'll call on the girls ; and if it stands on edge, we'll study.

조니 : 우리 오늘 저녁 뭐 할까?

토마스 : 토스(동전 던지기)로 정하자. 앞면이 나오면 영화를 보러 가고, 뒷면이 나오면 여자친구를 만나는 거야. 만약에 동전이 똑바로 서면 공부를 하자.

Unit 6

일상생활에서

- **Chapter 1** 우체국에서
- **Chapter 2** 약국이나 병원에서
- **Chapter 3** 미용실에서
- **Chapter 4** 은행에서
- **Chapter 5** 부동산 중개 사무소에서

English

Chapter 1　우체국에서

주요표현

A : *I'd like to send this letter.*
아이드 라이크 투 샌드 디스 레터
이 편지를 보내고 싶습니다.

B : *Where to?*
웨얼 투
어디로 보내실 거죠?

어디서 우표를 살 수 있습니까?
Where can I buy stamps?
웨얼 캔 아이 바이 스탬스

한국으로 엽서 보내는 데 얼마입니까?
How much is a postcard to Korea?
하우 머취 이즈 어 포우스트카-드 투 코리아

항공편으로 부탁합니다.
By airmail, please.
바이 에어메일　플리-즈

60센트 우표 3장 주세요.
Can I have three 60 cent stamps, please?
캔 아이 해브 쓰리- 식스티 센트 스탬스　플리-즈

거기까지 얼마나 걸립니까?
How long does it take to get there?
하우 로옹 더즈 잇 테이크 투 겟 데어

Unit. 6 일상생활에서

어디에 넣으면 됩니까?
Where can I put this?
웨얼 캔 아이 풋 디스

우체통은 어디 있나요?
Where is the mailbox?
웨얼 이즈 더 메일박스

이것을 한국으로 보내고 싶습니다.
I'd like to send this to Korea.
아이드 라이크 투 샌드 디스 투 코리아

내용물이 무엇입니까?
What is inside?
왓 이즈 인사이드

깨지기 쉬운 것입니다.
This is fragile.
디스 이즈 프래절

소포용으로 포장해 주시겠습니까?
Will you wrap this as a parcel?
윌 유 랩 디스 애즈 어 파슬

이 소포를 보험에 들고 싶습니다.
I'd like to have this parcel insured.
아이드 라이크 투 해브 디스 파슬 인슈얼드

Chapter 2 약국이나 병원에서

> **A : May I help you?**
> 메이 아이 헬 퓨
> 도와 드릴까요?
>
> **B : I have a fever.**
> 아이 해브 어 피-버
> 열이 납니다.

두통에 좋은 약이 있나요?

Do you have something for a headache?

두 유 해브 썸씽 포 어 헤드에이크

이것을 얼마나 자주 먹어야 하나요?

How often should I take this?

하우 오-픈 슈드 아이 테이크 디스

몇 알을 먹어야 하나요?

How many pills should I take?

하우 매니 필스 슈드 아이 테이크

식사 후 하루 3번 복용하세요.

Take it three times a day after meals.

테이크 잇 쓰리- 타임즈 어 데이 애프터 미일스

이 처방대로 조제해 주시겠습니까?

Could you fill this prescription, please?

쿠쥬- 필 디스 프리스크립션 플리-즈

Unit. 6 일상생활에서

반창고 있습니까?
Do you have an adhesive bandage?
두 유 해브 언 에드히-시브 밴디지

응급 상황입니다.
I have an emergency!
아이 해브 언 이멀견시

어디가 안 좋으세요?
What's the matter with you?
왓츠 더 매터 위드 유

어디가 불편하세요?
What seems to be bothering you?
왓 씨임스 투 비 바더링 유

몸이 안 좋아요.
I don't feel good.
아이 돈 피일 굿

여기가 아파요.
I have pain here.
아이 해브 페인 히어

발목을 삐었습니다.
I sprained my ankle.
아이 스프레인드 마이 앵클

Chapter 3 미용실에서

주요표현

A : *What can I do for you today?*
왓 캔 아이 두 포 유 투데이
오늘은 어떻게 해 드릴까요?

B : *Do it like this picture, please.*
두 잇 라이크 디스 픽처 플리-즈
이 사진처럼 해 주세요.

커트를 하고 싶습니다.
I'd like a haircut.
아이드 라이크 어 헤어컷

머리를 어떻게 잘라 드릴까요?
How would you like your haircut?
하우 우쥬- 라이크 유어 헤어컷

그냥 조금 다듬어 주세요.
I just want a trim.
아이 져스트 원트 어 트림

머리를 염색하고 싶습니다.
I'd like my hair dyed.
아이드 라이크 마이 헤어 다이드

머리를 빨간색으로 염색해 주세요.
Please dye my hair red.
플리-즈 다이 마이 헤어 레드

Unit. 6 일상생활에서

머리를 세팅해 주시겠어요?
Could you set my hair, please?
쿠쥬- 셋 마이 헤어 플리-즈

세팅을 하고 싶습니다.
I'd like a hairset.
아이드 라이크 어 헤어셋

머리를 짧게 자르고 싶습니다.
I'd like to try cutting my hair short.
아이드 라이크 투 트라이 컷팅 마이 헤어 쇼옷

귀가 보이도록 해 주세요.
I'd like my ears to show.
아이드 라이크 마이 이어즈 투 쇼우

귀가 가려지도록 해 주세요.
I'd like my ears covered.
아이드 라이크 마이 이어즈 커버드

커트는 얼마입니까?
How much for a haircut?
하우 머취 포 어 헤어컷

머리를 자르고, 감고, 드라이하면 얼마입니까?
What does it cost for a cut, shampoo and blow dry?
왓 디즈 잇 코스트 포 어 컷 샴퓨 앤 블로우 드라이

205

Chapter 4 은행에서

> **주요표현**
>
> **A : I'd like to open an account.**
> 아이드 라이크 투 오우픈 언 어카운트
> 계좌를 하나 개설하고 싶습니다.
>
> **B : What kind of account would you like?**
> 왓 카인드 오브 어카운트 우쥬- 라이크
> 어떤 예금에 가입하고 싶으세요?

보통 예금으로 해 주세요.

A regular savings account, please.
어 레귤러 세이빙스 어카운트 플리-즈

당좌예금을 개설하고 싶습니다.

I'd like to open a checking account.
아이드 라이크 투 오우픈 어 체킹 어카운트

어떤 예금이 이자가 더 높습니까?

Which account offers a higher interest rate?
위치 어카운트 오-퍼스 어 하이어 인터레스트 레이트

이자율이 어떻게 됩니까?

What's the interest rate?
왓츠 디 인터레스트 레이트

통장을 해약하고 싶습니다.

I'd like close the account.
아이드 라이크 클로우즈 디 어카운트

예금을 하고 싶습니다.
I'd like to make a deposit.
아이드 라이크 투 메이크 어 디파짓

예금을 인출하고 싶습니다.
I'd like to withdraw some money.
아이드 라이크 투 윗드로 썸 머니

예금 잔액을 알고 싶습니다.
I'd like to know my balance.
아이드 라이크 투 노우 마이 밸런스

송금수수료는 얼마입니까?
What's the remittance charge?
왓츠 더 리밋턴스 차-쥐

현금인출기는 어디있습니까?
Where is the ATM?
웨얼 이즈 디 에이티엠

신용카드를 신청하고 싶습니다.
I'd like to apply for a credit card.
아이드 라이크 투 어플라이 포 어 크레딧 카-드

연회비는 얼마입니까?
What's your annual fee?
왓츠 유어 애뉴얼 피-

Chapter 5　부동산 중개 사무소에서

> **주요표현**
>
> **A : Hello, Can I help you?**
> 헬로 캔 아이 헬프 유
> 안녕하세요. 무엇을 도와 드릴까요?
>
> **B : I'm looking for a house to rent.**
> 아임 룩킹 포 어 하우스 투 렌트
> 임대할 집을 구하고 있습니다.

어느 지역을 원하세요?
What area would you like to live in?
왓 에어리어 우쥬- 라이크 투 리브 인

침실 2개짜리 아파트를 원합니다.
I'm interested in a two bedroom apartment.
아임 인터레스티드 인 어 투- 배드루움 아파트먼트

햇볕이 잘 드는 방을 원합니다.
I want a room that gets enough sunlight.
아이 원트 어 루움 댓 겟츠 이너프 선라잇

주거자 주차장이 있습니까?
Do you have a residence's parking lot?
두 유 해브 어 레지던시스 파킹 랏

시설은 어떤가요?
What are the facilities?
왓 아 더 퍼실러티즈

208

Unit. 6 일상생활에서

교통은 어떤가요?
What's the transportation like?
왓츠 더 트랜스퍼테이션 라이크

근처에 마트가 있습니까?
Is there a market in the neighborhood?
이즈 데어 어 마켓 인 더 네이버후드

가격은 얼마를 생각하세요?
What's your price range?
왓츠 유어 프라이스 레인지

월세는 얼마입니까?
How much is the rent?
하우 머취 이즈 더 렌트

아파트를 좀 보여 주시겠습니까?
Would you mind showing us the apartment?
우쥬- 마인드 쇼잉 어스 디 아파트먼트

이 아파트를 임대하겠습니다.
I'd like to rent this apartment.
아이드 라이크 투 렌트 디스 아파트먼트

임대 청약서를 주시겠습니까?
Can I have the lease application form?
캔 아이 해브 더 리-스 어프리케이션 포옴

 **관련단어**

미용

haircut	헤어컷	커트
permanent	퍼머넌트	파마
blowdry	블로우 드라이	드라이
hair color	헤어 칼라	머리색
dye	다이	염색하다
trim	트림	다듬다

은행

bank	뱅크	은행
account	어카운트	계좌
regular savings	레귤러 세이빙스	보통예금
checking account	첵킹 어카운트	당좌예금
withdraw	윗드로-	인출하다
ATM	에이티엠	현금인출기
interest rate	인터레스트 레이트	이자율
annual fee	애뉴얼 피-	연회비

우체국

post office	포우스트 오-피스	우체국

Unit. 6 일상생활에서

post office box	포우스트 오-피스 박스	사서함
mail box	메일 박스	우체통
postman	포우스트맨	집배원
letter	레터	편지
parcel	파슬	소포
package	패키지	소포
writing paper	라이팅 페이퍼	편지지
stamp	스템프	우표
commemorative stamp	컴메모러티브 스템프	기념우표
postcard	포우스트카-드	우편엽서, 엽서
address	어드레스	주소
zip code	짚 코드	우편번호
envelope	엔벌로프	봉투
express mail	익스프레스 메일	빠른우편
registered mail	레지스터드 메일	등기우편
regular mail	레귤러 메일	보통우편
by sea	바이 씨-	선편으로
by airmail	바이 에어메일	항공편으로
postage	포우스티지	우편요금

211

관련단어

약국과 병원

aspirin	아스피린	아스피린
pain killer	페인 킬러	진통제
capsule	캡슐	캡슐
vitamin	바이터민	비타민
pill	필	알약
sleeping pill	슬리-핑 필	수면제
headache	헤드에이크	두통
fever	피-버	열
backache	백에이크	요통
stomachache	스터먹에이크	복통
diarrhea	다이어리-어	설사
cold	콜드	감기
flu	플루-	열
cough	커프	기침
hospital	하스피털	병원
emergency room	이멀전씨 루-움	응급실
physician	피지션	내과 의사
oculist	아큐리스트	안과 의사

❷ Unit. 6 일상생활에서

surgeon	써젼	외과 의사
dentist	덴티스트	치과 의사
gynecologist	자이니칼러지스트	산부인과 의사
pediatrician	피디어트리션	소아과 의사

Coffee Break

Tom was watching his big sister covering her face with cream.

"What's that for?" he asked.

"To make me beautiful." came the reply.

Tom watched in silence as his sister then wiped her face clean.

Then he commented, "Doesn't work, does it?"

탐은 그의 큰누나가 얼굴에 크림을 바르는 것을 보고 있었다.

"그거 뭐에 쓰는 거야?" 탐이 물었다.

"누나를 예뻐지게 하는 거란다." 누나가 대답했다.

탐은 누나가 얼굴을 닦을 때까지 조용히 지켜보았다. 그리고 탐이 말했다.

"그거 별로 소용이 없네, 안 그래?"

Unit 7 쇼핑하기

Chapter 1 쇼핑할 때
Chapter 2 마음에 안 들 때
Chapter 3 계산할 때
Chapter 4 교환이나 환불할 때

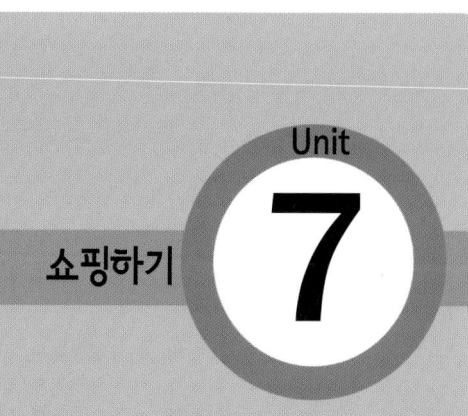

English

Chapter 1 쇼핑할 때

주요표현

> A : **Where can I buy a tie?**
> 웨얼 캔 아이 바이 어 타이
> 넥타이를 어디서 살 수 있을까요?
>
> B : **You can buy it on the third floor.**
> 유 캔 바이 잇 온 더 써-드 플로어
> 3층에서 살 수 있습니다.

"eye shopping"은 콩글리시란 걸 아시죠? 정확한 영어로는 뭘까요? "window shopping"입니다. 점원이 "Can I help you? (도와 드릴까요?)"라고 물어 볼 때는 "just looking." 혹은 "I'm browsing."이라고 대답하면 되겠습니다.

모자를 찾고 있습니다.
I'm looking for a hat.
아임 룩킹 포 어 햇

이것이 있나요?
Do you have this?
두 유 해브 디스

우리는 그것을 취급하지 않습니다.
We don't have it.
위 돈 해브 잇

저 스웨터를 보여 주시겠습니까?
Can you show me that sweater?
캔 유 쇼우 미 댓 스웨터

Unit. 7 쇼핑하기

괜찮습니다. 구경하는 겁니다.
No, thanks. I'm just looking.
노 쌩스 아임 저스트 룩킹

천천히 구경하세요.
Take your time.
테이크 유어 타임

입어 봐도 될까요?
Can I try this on?
캔 아이 트라이 디스 온

탈의실이 어디지요?
Where is the fitting room?
웨얼 이즈 더 피팅 루움

잘 맞나요?
How does it fit?
하우 더즈 잇 피트

손목시계를 몇 개 보여 주시겠습니까?
Would you show me some watches?
우쥬- 쇼우 미 썸 와치스

얼마입니까?
How much is it?
하우 머취 이즈 잇

너무 비싸네요.
It's too expensive.
잇츠 투- 익스펜시브

217

Chapter 2 마음에 안 들 때

주요표현

A : *I don't like this color.*
아이 돈 라이크 디스 칼라
이 색깔은 마음에 안 들어요.

B : *How about this?*
하우 어바웃 디스
이건 어떠세요?

너무 작아요. 큰 사이즈 있나요?

It's too small. Do you have a large size?

잇츠 투- 스몰   두 유 해브 어 라지 사이즈

마음에 안 들어요. 다른 것을 볼 수 있을까요?

I don't like it. Can you show me others?

아이 돈 라이크 잇   캔 유 쇼우 미 아더즈

다른 스타일이 있습니까?

Do you have any other style?

두 유 해브 애니 아더 스타일

이것은 내가 찾는 것이 아니에요.

This is not what I'm looking for.

디스 이즈 낫 왓 아임 룩킹 포

약간 헐렁하네요.

It's a little loose.

잇츠 어 리틀 루우스

❷ Unit. 7 쇼핑하기

너무 평범해요.
It's too plain.
잇츠 투- 플레인

이것은 너무 화려해요.
This is too flashy.
디스 이즈 투- 플래쉬

이 디자인이 맘에 안 듭니다.
I don't like this design.
아이 돈 라이크 디스 디자인

밝은 색상은 없습니까?
Do you have any light ones?
두 유 해브 애니 라이트 원스

생각 좀 해 볼게요.
I'll think about it.
아일 씽크 어바웃 잇

이것은 저에게 어울리지 않군요.
It doesn't look good on me.
잇 더즌 룩 굿 온 미

내 스타일이 아닙니다.
Not my style.
낫 마이 스타일

Chapter 3 계산할 때

주요표현

A : *That will be 100 dollars.*
댓 윌 비 원 헌드레드 달러즈
모두 100달러입니다.

B : *Discount, please.*
디스카운트 플리-즈
가격을 깎아 주세요.

이것을 사겠습니다.
I'll take it.
아일 테이크 잇

다 고르셨습니까?
Will that be everything?
윌 댓 비 에브리씽

더 필요한 것은 없습니까?
Is there anything else you want?
이즈 데어 애니씽 엘스 유 원트

오늘은 됐습니다.
That's all today.
댓츠 올 투데이

얼마입니까?
How much does it cost? / How much is it?
하우 머취 더즈 잇 코스트   하우 머취 이즈 잇

Unit. 7 쇼핑하기

어디서 계산하나요?
Where do I pay?
웨얼 두 아이 페이

여행자수표를 받습니까?
Do you accept traveler's checks?
두 유 엑셉트 트래블러즈 체크

이 신용카드를 받니까?
Do you accept this credit card?
두 유 엑셉트 디스 크레딧 카-드

비자카드를 받습니까?
Do you take Visa?
두 유 테이크 비자

현금으로 하겠습니다.
I would like to pay in cash.
아이 우드 라이크 투 페이 인 캐쉬

여기 거스름돈이 있습니다.
Here is your change.
히어 이즈 유어 체인지

이것을 선물용으로 포장해 주세요.
Please gift wrap this.
플리-즈 기프트 랩 디스

Chapter 4   교환이나 환불할 때

> **주요표현**
>
> **A : *May I help you?***
> 메이 아이 헬프 유
> 무엇을 도와 드릴까요?
>
> **B : *May I have a refund on this, please?***
> 메이 아이 해브 어 리펀드 온 디스 플리-즈
> 이것을 환불할 수 있습니까?

물건을 교환하고 싶습니다.
I'd like to exchange.
아이드 라이크 투 익스체인지

다른 것으로 교환하고 싶습니다.
I would like to change it for something else.
아이 우드 라이크 투 체인지 잇 포 썸씽 엘스

무엇으로 바꿔 드릴까요?
What would you like to exchange for?
왓 우쥬- 라이크 투 익스체인지 포

그것에 무슨 문제라도 있습니까?
What seems to be the matter with it?
왓 씨임즈 투 비 더 매러 위드 잇

무슨 문제 있습니까?
What's wrong with them?
왓츠 로옹 위드 뎀

222

Unit. 7 쇼핑하기

세탁 후에 색이 바랬습니다.
The color ran after I washed it.
더 칼라 랜 애프터 아이 워시드 잇

그냥 환불하고 싶습니다.
I'd just like a refund.
아이드 저스트 라이크 어 리펀드

사이즈가 너무 큽니다.
It's too large.
잇츠 투- 라지

이 드레스를 반품하고 싶습니다.
I'd like to return this dress.
아이드 라이크 투 리터언 디스 드레스

이것을 환불해 주시겠습니까?
May I get a refund on this?
메이 아이 겟 어 리펀드 온 디스

영수증을 보여 주시겠습니까?
May I see your receipt?
메이 아이 씨- 유어 리십트

유감스럽지만 영수증이 없습니다.
Sorry, but I don't have the receipt.
쏘리 벗 아이 돈 해브 더 리십트

223

 **관련단어**

department store	디파트먼트 스토어	백화점
convenience store	컨비-니언스 스토어	편의점
shopping mall	쇼핑 몰	쇼핑몰
souvenir shop	스-브니어 샵	기념품 가게
men's wear	맨스 웨어	남성의류
women's wear	위민스 웨어	여성의류
footwear	풋웨어	신발
jewelry	쥬-얼리	보석
stripe	스트라이프	줄무늬
dotted	다티드	물방울 무늬의
checkered	첵커드	체크 무늬의
price tag	프라이스 태그	가격표
tight	타이트	낀
loose	루-스	헐렁한
narrow	내로우	폭이 좁은
wide	와이드	폭이 넓은
small	스몰	작은
medium	미-디엄	중간
large	라지	큰

extra large	엑스트라 라지	특대

색깔

red	레드	빨강
blue	블루-	청색
yellow	옐로우	노랑
white	와이트	흰색
black	블랙	검정
brown	브라운	갈색
green	그리인	초록색
ivory	아이보리	아이보리
gray	그레이	회색
navy blue	네이비 블루-	짙은 남색
light	라이트	밝은
dark	다-크	어두운

의류와 악세사리

duty free	듀-티 프리-	면세품
cosmetics	코스메틱스	화장품
ring	링	반지

 **관련단어**

bracelet	브레이스렛	팔찌
necklace	넥크레스	목걸이
earrings	이어링즈	귀걸이
watch	와치	손목시계
jeans	지인스	청바지
skirt	스키-트	스커트
blouse	블라우스	블라우스
shirt	셔-츠	셔츠
pants	팬츠	면바지
jacket	쟈켓	재킷
belt	벨트	벨트
socks	삭스	양말
hat	헷	모자
cap	캡	모자(테가 없는)
underwear	언더웨어	내의
bras	브라-스	브래지어
sneakers	스니-커즈	운동화
boots	부-츠	부츠
sandals	샌들즈	샌들

Unit. 7 쇼핑하기

shoes	슈-즈	구두
lipstick	립스틱	립스틱
lotion	로션	로션
toner	토우너	스킨로션, 화장수
on sale	온 세일	할인판매
sale price	세일 프라이스	할인가

건물의 층을 말할 때는 서수를 사용합니다. 예를 들어 "first floor, second floor"로 표현하면 되겠습니다. 미국영어에서는 1층은 "first floor"이지만 영국영어에서는 "ground floor"가 1층이고 "first floor"는 2층입니다. 영국영어를 사용하는 지역에서 "first floor"에 있다고 말한다면 미국식이나 우리나라 방식으로는 "second floor"에 있다는 의미가 되겠습니다.

Coffee Break

Mrs. Smith was playing the piano frantically in the living room when there was a knock at the front door. When she opened it, she found an old man standing outside.

"I'm the piano tuner, madam."

"But I didn't order a piano tuner."

"I know, madam," said the old man, "but your neighbors did."

스미스 부인이 거실에서 열광적으로 피아노를 치고 있을 때, 정문에서 문을 두드리는 소리가 들렸다. 그녀가 문을 열자 한 노인이 밖에 서 있었다.

"저는 피아노 조율사입니다, 부인."

"나는 피아노 조율사를 부른 적이 없습니다."

"알고 있습니다. 하지만 이웃집에서 가 보라고 하더군요."하고 노인이 말했다.

Unit 8

직장에서

Chapter 1 출퇴근에 대해서
Chapter 2 근무에 대해서
Chapter 3 급여와 복리후생

Chapter 1 출퇴근에 대해서

주요표현

A : How do you get to work?
하우 두 유 겟 투 워-크
어떻게 출근하세요?

B : I take the bus to work.
아이 테이크 더 버스 투 워-크
버스를 타고 출근합니다.

보통 지하철을 타고 출근합니다.

I usually take the subway to work.
아이 유-주얼리 테이크 더 서브웨이 투 워-크

출근하는데 얼마나 걸리나요?

How long does it take you to commute?
하우 로옹 더즈 잇 테이크 유 투 커뮤트

한 시간 정도 걸립니다.

It takes about one hour.
잇 테익스 어바웃 원 아워

몇 시까지 출근하세요?

What time do you report to work?
왓 타임 두 유 리포트 투 워-크

9시까지 출근합니다.

I get to work by 9 o'clock.
아이 겟 투 워-크 바이 나인 어클락

Unit. 8 직장에서

8시까지 출근해야 합니다.
I report for work by 8 o'clock.
아이 리포트 포 워-크 바이 에잇 어클락

업무가 몇 시에 시작됩니까?
When does your work start?
웬 더즈 유어 워-크 스타트

9시에 업무를 시작합니다.
I start my work at 9 a.m.
아이 스타트 마이 워-크 엣 나인 에이엠

나는 오늘 지각했습니다.
I reached my company late today.
아이 리치드 마이 컴퍼니 레이트 투데이

몇 시에 퇴근합니까?
What time do you punch out?
왓 타임 두 유 펀치 아웃

보통 7시에 퇴근합니다.
Usually at 7 o'clock.
유-주얼리 엣 세븐 어클락

업무에 따라 다릅니다.
It's depening on my work.
잇츠 디펜딩 온 마이 워-크

Chapter 2 근무에 대해서

> **A : *What are your hours of work?***
> 왓 아 유어 아워스 오브 워-크
> 근무 시간이 어떻게 되십니까?
>
> **B : *I work from 9 to 7.***
> 아이 워-크 프럼 나인 투 세븐
> 9시부터 7시까지 일합니다.

몇 시간 일하세요?
How long are your hours?
하우 로옹 아 유어 아월스

무슨 직책을 맡고 계세요?
What position do you hold?
왓 포지션 두 유 홀드

무슨 일을 맡고 계십니까?
What are you in charge of?
왓 아 유 인 차지 오브

인사부 담당입니다.
I'm in charge of the personnel department.
아임 인 차지 오브 더 퍼스널 디파트먼트

직업이 마음에 드십니까?
How do you like your job?
하우 두 유 라이크 유어 잡

Unit. 8 직장에서

거기에서 근무하는 것은 어떻습니까?
What's it like working there?
왓츠 잇 라이크 워킹 데어

거기에서 근무하신 지 얼마나 됐습니까?
How long have you worked there?
하우 로옹 해브 유 워-크드 데어

일이 밀려 있습니다.
I'm behind in my work.
아임 비하인드 인 마이 워-크

할 일이 산더미처럼 쌓여 있습니다.
I'm up to my ears in work.
아임 업 투 마이 이얼즈 인 워-크

저는 초과 근무를 해야 합니다.
I have to work overtime.
아이 해브 투 워-크 오버타임

저는 종종 초과 근무를 합니다.
I often put in overtime.
아이 오-픈 풋 인 오버타임

저는 오늘 밤 야근입니다.
I'm on duty tonight.
아임 온 듀티 투나잇

233

Chapter 3 급여와 복리후생

주요표현

A : *What's the salary like?*
왓츠 더 샐러리 라이크
급여는 어떻습니까?

B : *Sorry, but I don't want to say.*
쏘리 벗 아이 돈 원트 투 세이
미안하지만 말하고 싶지 않습니다.

연봉이 얼마나 됩니까?
What's your yearly salary?
왓츠 유어 이얼리 샐러리

제 급여는 쥐꼬리만 합니다.
My salary's chicken feed.
마이 샐러리즈 치킨 피-드

급여 기간은 어떻게 됩니까?
What are the terms of payment?
왓 아 더 터엄즈 오브 페이먼트

급여를 어떤 식으로 받으세요?
How do you get paid?
하우 두 유 겟 페이드

(저의) 연봉은 얼마나 됩니까?
What will be my annual income?
왓 윌 비 마이 애뉴얼 인컴

Unit. 8 직장에서

어느 정도의 급여를 원하세요?
What are your salary expectations?
왓 아 유어 샐러리 익스펙테이션스

월급날이 언제입니까?
When is your payday?
웬 이즈 유어 페이데이

우리 월급날은 매달 30일입니다.
Our payday is the 30th of every month.
아워 페이데이 이즈 더 써-티스 오브 에브리 먼스

어떤 복지혜택이 있습니까?
What benefits do you offer?
왓 베네핏츠 두 유 오-퍼

초과 근무 수당이 있나요?
Do you offer overtime pay?
두 유 오-퍼 오버타임 페이

휴가는 며칠을 줍니까?
How many days of vacation do you offer?
하우 매니 데이즈 오브 베케이션 두 유 오-퍼

의료보험 혜택이 있습니다.
We offer full medical insurance.
위 오-퍼 풀 메디컬 인슈어런스

 관련단어

firm	퍼엄	회사
company	컴퍼니	회사
enterprise	엔터프라이즈	기업
corporation	코퍼레이션	법인, 주식회사
head office	헤드 오-피스	본사
branch office	브랜치 오-피스	지사
union	유-니온	노동조합

부서

personnel department   인사부
퍼스널 디파트먼트

human resources department
휴-먼 리-쏘올스 디파트먼트

finance department   경리부
파이낸스 디파트먼트

production department   생산부
프러덕션 디파트먼트

general administration   총무부
제너럴 애드민니스트레이션

domestic sales department   국내영업부
도메스틱 세일즈 디파트먼트

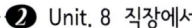# Unit. 8 직장에서

overseas sales department	오버시-즈 세일즈 디파트먼트	해외영업부

직급

president	프레지던트	사장
vice president	바이스 프레지던트	부사장
director	디렉터	이사
general manager	제너럴 매니져	부장
deputy general manager	데푸티 제너럴 매니져	차장
manager	매니져	과장
assistant manager	어씨스던트 매니져	대리
supervisor	수-퍼바이져	상사
colleague	컬리-그	동료
coworker	코워커	동료

Coffee Break

Carol said to her friend,
"My Jimmy keeps telling everyone he's going to marry the most beautiful girl in the world."
And the friend said,
"What? That's too bad. I thought he was going to marry you."

캐롤이 그녀의 친구에게 말했다.
"나의 지미는 자기가 세상에서 가장 아름다운 여자와 결혼한다고 사람들에게 말하고 다니고 있단다."
친구가 대답했다.
"뭐라고? 너 안됐다. 나는 지미가 너와 결혼하는 줄 알았거든."

부록
appendix

1. 그림으로 익히는 단어
   (1) 학용품   (2) 컴퓨터
   (3) 카메라   (4) 자동차
   (5) 객실   (6) 욕실
   (7) 사람의 몸 (8) 채소와 과일
   (9) 12지의 동물들

2. 영어 명언

(1) 학용품

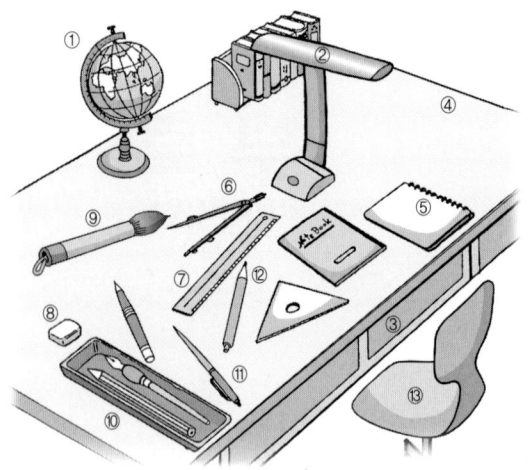

① 지구본 globe
② 스탠드 desk lamp
③ 서랍 drawer
④ 책상 desk
⑤ 공책 note
⑥ 컴퍼스 compass
⑦ 자 ruler
⑧ 지우개 eraser
⑨ 붓 brush
⑩ 연필 pencil
⑪ 볼펜 ballpoint pen
⑫ 샤프펜슬 mechanical pen
⑬ 의자 chair
· 크레용 crayon
· 교과서 text book
· 문방구 Stationery
· 만년필 fountain pen
· 필통 pencil case

(2) 컴퓨터

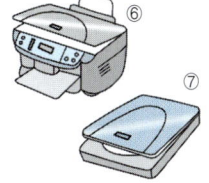

① 컴퓨터 computer
② 모니터 monitor
③ 스피커 speaker
④ 키보드, 자판 keyboard
⑤ 노트북 laptop computer
⑥ 프린터 printer
⑦ 스캐너 scanner
⑧ 타블렛 tablet

- 개인용 컴퓨터 personal computer
- 터치 패드 touch pad
- 마우스 mouse
- 드라이브 drive

(3) 카메라

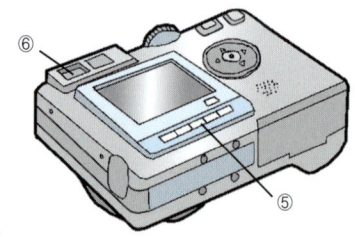

① 전원 power
② 셔터 shutter
③ 플래시 flash
④ 렌즈 lens
⑤ 메뉴 버튼 menu button
⑥ 파인더 viewfinder

· 카메라 camera
· 디지털 카메라 digital camera
· 아날로그 카메라 analog camera
· 촛점 focus
· 카메라 앵글 camera angle
· 촬영모드 shooting mode
· 줌 렌즈 zoom lens
· 메모리카드 memory card

1. 그림으로 익히는 단어

(4) 자동차

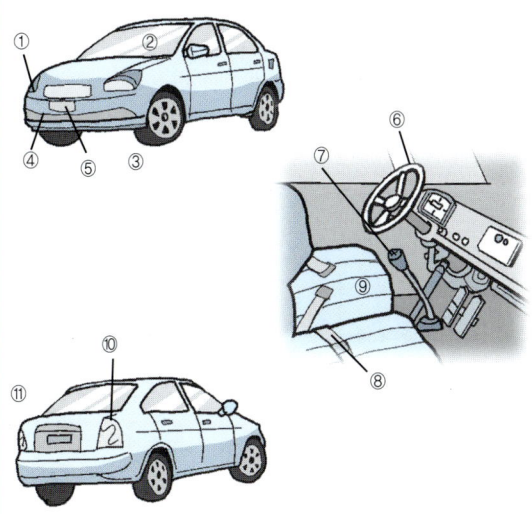

① 전조등 headlight ② 앞 유리 windshield
③ 타이어 tire ④ 범퍼 bumper
⑤ 번호판 license plate ⑥ 핸들 steering wheel
⑦ 변속 지렛대 stick ⑧ 안전띠 seat belt
⑨ 좌석 seat ⑩ 방향 지시기 indicator
⑪ 트렁크(짐칸) trunk • 와이퍼 window wiper
• 백미러 rearview mirror • 보닛 hood
• 경적 horn • 클러치 clutch • 브레이크 brake
• 핸드브레이크 hand brake • 가속기 accelerator

243

(5) 객실

① 플로어 스탠드 floor lamp
② 창문 window
③ 커튼 curtain
④ 텔레비전 television
⑤ 거울 mirror
⑥ 소파 sofa
⑦ 전등 lamp
⑧ 침대 bed
⑨ 의자 chair
⑩ 탁자 table
• 옷장 dresser
• 재떨이 ashtray
• 포트 pot
• 콘센트 outlet
• 전화 telephone
• 담요 blanket
• 베개 pillow

(6) 욕실

① 샤워기 shower
② 수건 towel
③ 세면기 washstand
④ 수도꼭지 faucet / tap
⑤ 헤어 드라이어 hair dryer
⑥ 치약 toothpaste
⑦ 변기 toilet
⑧ 휴지통 trash box
⑨ 화장지 toilet paper
⑩ 욕조 bathtub
⑪ 배수구 drain
· 비누 soap
· 치솔 toothbrush
· 빗 comb
· 화장실 bathroom
· 샴프 shampoo
· 면도기 razor
· 로션 lotion

(7) 사람의 몸

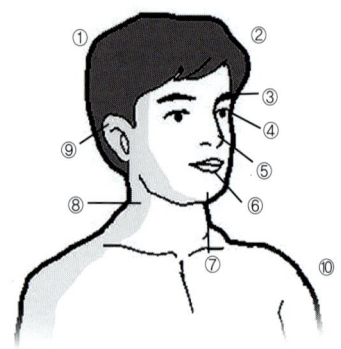

① 머리 head
③ 눈썹 eyebrow
⑤ 코 nose
⑦ 턱 chin
⑨ 귀 ear
· 얼굴 face
· 혀 tongue
· 입술 lip
· 콧수염 mustache

② 머리카락 hair
④ 눈 eye
⑥ 입 mouth
⑧ 목 neck
⑩ 어깨 shoulder
· 이마 forehead
· 목구멍 throat
· 치아 tooth
· 턱수염 beard

1. 그림으로 익히는 단어

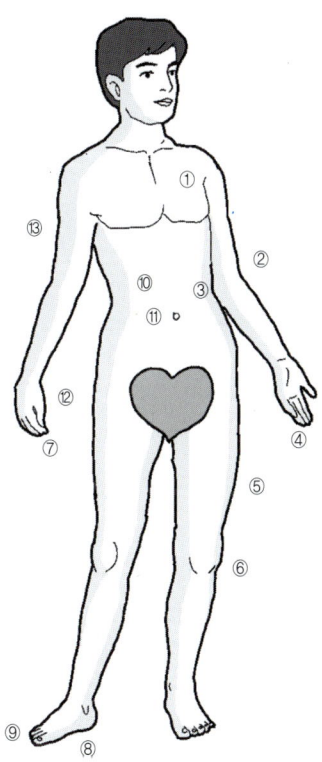

① 가슴 chest
② 팔꿈치 elbow
③ 허리 waist
④ 손 hand
⑤ 다리 leg
⑥ 무릎 knee
⑦ 손톱 nail
⑧ 발 foot
⑨ 발가락 toe
⑩ 배 belly
⑪ 배꼽 belly button
⑫ 손가락 finger
⑬ 팔 arm
• 몸, 신체 body
• 엉덩이 hip
• 등 back
• 심장 heart

(8) 채소와 과일

- ① 가지 eggplant
- ② 양파 onion
- ③ 배추 Chinese cabbage
- ④ 마늘 garlic
- ⑤ 오이 cucumber
- ⑥ 무 radish / turnip
- ⑦ 피망 green pepper
- ⑧ 당근 carrot
- ⑨ 감자 potato
- ⑩ 고구마 sweet potato
- 채소 vegetables
- 생강 ginger
- 고추 hot pepper
- 호박 pumpkin
- 겨자 mustard
- 버섯 mushroom

1. 그림으로 익히는 단어

① 딸기 strawberry
② 레몬 lemon
③ 감 persimmon
④ 포도 grape
⑤ 오렌지 orange
⑥ 귤 tangerine
⑦ 수박 water melon
⑧ 바나나 banana
⑨ 파인애플 pineapple
⑩ 멜론 melon
⑪ 배 pear
⑫ 사과 apple
· 과일 fruit
· 복숭아 peach
· 자두 plum
· 호두 walnut
· 밤 chestnut
· 땅콩 peanut

(9) 12지의 동물들

① 소 cow / bull
③ 호랑이 tiger
⑤ 원숭이 monkey
⑦ 멧돼지 wild pig
⑨ 닭 chicken
⑪ 양 sheep
· 동물 animal

② 말 horse
④ 용 dragon
⑥ 개 dog
⑧ 토끼 rabbit
⑩ 뱀 snake
⑫ 쥐 mouse

영어 명언

- All roads lead to Rome.
  모든 길은 로마로 통한다.

- All's fair in love and war.
  사랑과 전쟁에서는 모든 것이 정당하다.

- An early bird catch the worm.
  일찍 일어나는 새가 벌레를 잡는다.

- A gift in season is a double favor to the needy.
  필요할 때 주는 것은 필요한 자에게 두 배의 은혜가 된다.

- Absence makes the heart grow fonder.
  떨어져 있으면 정이 더 깊어진다

- Appearances are deceptive.
  외모는 속임수이다.

- Better is to bow than break.
  부러지는 것보다 굽는 것이 낫다.

- Better the last smile than the first laughter.
  처음의 큰 웃음보다 마지막의 미소가 더 좋다.

- Books are ships which pass through the vast seas of time.
  책이란 넓은 시간의 바다를 지나가는 배다.

- By doubting we come at the truth.
  의심함으로써 우리는 진리에 도달한다.

- Diligence guarantees success.
  근면은 성공을 보장한다.

- Education is the best provision for old age.
  교육은 노년기를 위한 가장 훌륭한 대책이다.

- Everything has a beginning.
  모든 것은 시작이 있다.

- Every failure is a stepping stone to success.
  모든 실패는 성공으로 향하는 디딤돌이다.

- Faith is a higher faculty than reason.
  믿음은 이성보다 더 고상한 능력이다.

- Forgiveness is better than revenge.
  용서는 복수보다 낫다.

- Faith without deeds is useless.
  행함이 없는 믿음은 쓸모가 없다.

- Great art is an instant arrested in eternity.
  위대한 예술은 영원 속에서 잡은 한순간이다.

- Give me liberty, or give me death.
  자유가 아니면 죽음을 달라.

- Go it while you are young.
  젊을 때 해봐라.

- Habit is second nature.
  습관은 제2의 천성이다.

- He is greatest who is most often in men's good thoughts.
  사람들의 좋은 회상 속에 자주 있는 자가 가장 위대하다.

- Heaven helps those who help themselves.
  하늘은 스스로 돕는 자를 돕는다.

2. 영어 명언

- If I sleep now I will have a dream, but if I study now I will make my dream come true.
  만일 지금 잠을 잔다면 꿈을 꾸겠지만, 공부를 한다면 꿈을 이룰 것이다.

- Knowledge is power.
  아는 것이 힘이다.

- Let thy speech be short, comprehending much in few words.
  몇 마디 말에 많은 뜻을 담고, 말은 간단히 하라.

- Love is feel.
  사랑은 느낌이다.

- Love is not just looking at each other, it's looking in the same direction.
  사랑은 단지 서로를 쳐다보는 것이 아니라 같은 방향을 쳐다보는 것이다.

- Life is full of ups and downs.
  인생은 오르막 내리막으로 가득 차있다.

- My success depends on my efforts.
  성공은 나의 노력 여하에 달려 있다.

- Nothing is more despicable than respect based on fear.
  두려움 때문에 갖는 존경심만큼 비열한 것은 없다.

- No pain no gain.
  고통 없이는 얻는 것도 없다.

- Not first but best.
  처음은 아니지만 최고가 되자.

- Necessity is the mother of invention.
  필요는 발명의 어머니.

- Old soldiers never die; they just fade away.
  노병은 죽지 않는다. 다만 사라질 뿐이다. -더글러스 맥아더

- Only the just man enjoys peace of mind.
  정의로운 사람만이 마음의 평화를 누린다.

- Poverty is no sin.
  가난은 죄가 아니다.

- Pain past is pleasure.
  지나간 고통은 쾌락이다.

- Patience is bitter, but its fruit is sweet.
  인내는 쓰나 그 열매는 달다.

- Rome was not built in a day.
  로마는 하루아침에 이루어지지 않았다.

- Suspicion follows close on mistrust.
  의혹은 불신을 뒤따른다.

- Slow and steady wins the race.
  느리지만 꾸준한 사람이 경주에 이긴다.

- Seize the day, boys. Make your lives extraordinary.
  현재를 즐겨라. 자신의 삶을 잊혀지지 않는 것으로 만들기 위해.

- The voice of the people is the voice of God.
  백성의 목소리가 하느님의 목소리다.

- The best things in life are free.
  삶에 있어서 가장 소중한 것은 자유다.

2. 영어 명언

- There is no rose without a thorn.
  가시가 없는 장미는 없다.

- There is no royal road to Rome.
  로마로 가는 데는 왕도가 없다.

- Time and tide wait for no man.
  세월은 사람을 기다리지 않는다.

- Time goes now.
  시간은 지금도 간다.

- Think like a man of action and act like man of thought.
  행동하는 사람처럼 생각하고, 생각하는 사람처럼 행동하라.

- To be trusted is a greater compliment than to be loved.
  신뢰받는 것은 사랑받는 것보다 더 큰 영광이다.

- Today which I spent vainly is yesterday which the dead longed.
  내가 헛되이 보낸 오늘은 어제 죽은 이가 갈망하던 내일이다.

- Too early to stop.
  멈추기엔 너무 이르다.

- Weak things united become strong.
  약한 것도 합치면 강해진다.

- Waste not fresh tears over old griefs.
  지나간 슬픔에 새 눈물을 낭비하지 마라.

- When money speaks, the truth keeps silent.
  돈이 말할 때 진실은 입을 다문다.

- Where there is no desire, there will be no industry.
  욕망이 없는 곳에는 근면도 없다.

초판 1쇄 발행 2010년 3월 20일
24쇄 발행 2025년 11월 15일

엮은이	이지랭기지 스터디
발행인	박해성
편집인	박주홍, 김해영 디자인 허다경
발행처	**정진출판사** 136-130 서울 성북구 하월곡동 10-6호
	대표전화 (02) 917-9900
	홈페이지 jeongjinpub.co.kr 이메일 jj1461@chol.com
	출판등록 1989년 12월 20일 제 6-95호

ⓒ정진출판사 2010
ISBN 978-89-5700-102-8 *10740

정가 6,800원

• 출판사와 저자의 허락 없이 내용의 무단 발췌와 인용을 금합니다.
• 파본은 교환해 드립니다.